JN071436

斎藤一人 聞く力、話す力

斎藤一人

Saito Hitori
Listening and Speaking Ability

ビジネス社

はじめに

こんな言葉を聞くことがあります。

「ナンバーワンじゃなくていい。みんなオンリーワンなんだ」

人は誰もが、この世にたった1人の存在。あなたも私も、ただここにいるだけで、とんでもなく大きな価値があります。

意味があってこの世界にいるし、いなくなってもいい人なんかいません。

ただ、一人さんは思うの。

「オンリーワン」が素晴らしいのは当然だけど、そこに「ナンバーワン」もくわわると、最高にクールだよねって。

かっこよさが一段と増して、なんだかワクワクもする。

じゃあ、どんなことでナンバーワンになる?

魅力の勝負でナンバーワンだ！

少し前のある暑い夏の日、蝉しぐれが降り注ぐ田舎道をドライブしながら、ふとそんなことが頭に浮かび、

「オンリーワンの自分が、魅力合戦でナンバーワンにもなれる方法」

を、みんなにお伝えしたいなぁって思ったんです。

魅力をつけてナンバーワンになるには、まずどこに着目したらいいのか、ということなんですが……。

これが一番適しているのは、「人間関係」なの。

私たちの暮らしは、人付き合いなしには成り立ちません。幸せや成功のカギは、すべて「人」が握っていると言っても過言ではない。

つまり人間関係の良し悪しで人生が決まるし、人間関係を見ると、自分の魅力がど

の程度かよくわかるわけだ。

さらに、人付き合いに欠かせないものと言えば「会話」です。

魅力というのは「聞き方」「話し方」の細部にまで宿るものだから、魅力のある人は、人の話を黙って聞いているだけでなにかが光る。

「こんにちは」「そうなんですね～」みたいなありきたりの言葉でも、魅力のある人にかかれば相手の心をぐっとつかむ特別な言葉となる。

そんなことが言えるので、本書では、魅力ナンバーワンになるための一人さん流の考え方を、人とのコミュニケーションの観点から語り、第1～3章で「聞き方」、第4～6章を「話し方」として展開していきたいと思います。

ちなみに、私は「聞き方」「話し方」に優劣はなく、いずれも等しく大切なものだと考えています。もっと言っちゃうと、一人さん的には、聞くことも話すことも、突き詰めるとたった1つのことしか意識していません。

それは、「愛」です。

聞くときも、話すときも、愛を持って相手に向き合っていればどうとでもなる。人間関係に迷うことがない。

ようは、愛のある状態が「魅力的な人」ということになるんだと、私は思っているわけです。

前置きが長くなっちゃったけど、もう1つだけお伝えしておきたいことがあります。これは聞き方や話し方に限った話じゃないんだけど、一人さんは、テクニック的なものを勉強したことがありません。だから、具体的な手法を手取り足取り教えてほしいと言われても、その期待に応えることができないんだよね。

あくまでも「俺はこうやってナンバーワンになったよ」という、一人さん流の生き方をご紹介する本なので、自分には合わないって思う人がいてもいいし、絶対、この通りにしなきゃいけないわけじゃないからね。
ただ、もし1個でも「一人さんのやり方っていいね！」と思えることがあったら、自分なりに活かしてもらえるとうれしいです。

斎藤一人

【お知らせ】

本書には「神様」にまつわる記述が何度も出てきますが、それは「万物を創造したエネルギー」や「お天道様のような大いなる存在」といった意味であり、いかなる宗教とも関係ありません。一人さんは神様が大好きですが、宗教に興味はないので、そのことをここに書き添えておきますね。

もくじ

第1章

「聞き上手な人」に共通することがあるんです

第2章

「本当の聞く力」を身につけて人生を大好転させる秘訣

第3章

闇の世界に光が見つかる「聞き方の真実」とは——

第4章 話し上手のカギは「かもし出すムード」にあり！

第5章 伝えるのは言葉じゃない、「魅力」なんだ

第6章 運気は「愛の会話力」で爆上がりするよ

第1章

「聞き上手な人」に共通することがあるんです

永遠の、無限なる神の愛と光

本章から3章までは「聞き方」についてお伝えしていくわけですが、その前に、一人さんの思う「愛」について語っておきたいと思います。

私は、子どものときから「愛」を大事にしてきました。いつも自分の中心に愛を置いてきたし、その明るい光を忘れたことは一度もありません。

もちろん、これからも愛と光で生きていく。

日本では昔から「言わなくても大事に思っているのはわかるよね？」みたいな感覚が当たり前で、愛という言葉を使って自分の気持ちを表現する人はあまりいませんでした。令和の時代になったいまなお、愛を語るのはこそばゆいと言う人もいます。

でもね、一人さんにとって愛はなによりも大切なものだし、いちばん身近な感覚なんです。ずっと、愛とともに生きる。

どうして、そこまで愛にこだわるんですかって？

それは、**人の本質が愛と光**だからです。

この世の命あるものはみな、神様からもらった「分け御霊（わけみたま）」を持っています。分け御霊というのは、神様のエネルギーから生まれた魂のことなんだけどね。

たとえば、地球には広い海があるでしょ？　その海が神だとすると、海の水を1滴ずつもらって生まれてきたのが私たちの命なんだよ。

この世界に生まれる人間や動物、植物、昆虫はすべて神の命を持つ「神の子」なの。

海の水は、蒸発して天に昇り、雨となってまた海に還（かえ）ります。水が蒸発し続けたからって、海の水が枯れることはありません。

それと同じで、地球上にこれだけの命が誕生しても神の命は目減りしない。

永遠の、無限なる命が神であり、それを無償で与え続けてくれる神は、愛そのものです。世界をあまねく照らす、太陽みたいな明るい光なんだよね。

そして神様が愛と光の存在であるならば、その命を分けてもらった私たちの本質も、当然、愛と光ということになります。

こういう話がピンとこない人は、「へぇ、そういう考え方もあるんだね」ぐらいに思ってもらっていいんだけど、とにかく一人さんはそう信じている人なの。


私の人生には、数々の幸運がもたらされました。しかも、あっけないほど簡単に。

日本でいちばん税金を納めるほどの、豊かさや成功。

度重なる大病で生死をさまよいながらも、毎回、不死鳥のように蘇るという奇跡。

一緒にいると最高に楽しい、信頼のおけるあったかい仲間たち。

たくさんの、美しく可愛い彼女(笑)。

こうした幸運のすべては、私の「愛と光を忘れない神的な生き方」が間違っていないからこそ、手に入れられたのだと確信しています。

一流の人に共通する聞き方とは？

一流の人に共通する「聞き方」があるんだとしたら、それを知りたいと思うのではないだろうか。

ありがたいことに、一人さんのことを日本一の成功者、一流の経営者と言ってくれる人がいるので、私なりの考察を、ここにご紹介したいと思います。

まず、一人さんがハッキリと言えるのは、**「一流の人が心がけている聞き方」なんてものは知らない**、ということです。

いや、出し惜しみしているわけじゃないの。そういうのがあれば、一人さんだって教えてもらいたいぐらいで（笑）。いままでの人生、そんなのがあると感じた場面もないんだよね。

少なくとも、私自身は聞き上手になるコツを知っているわけじゃないし、たぶん、みんなと大差ない聞き方しかしていません。

だったら、どうして納税日本一にまでなれたのか。

みんなと同じ聞き方なら、みんなが幸せな大富豪になれなきゃおかしいですよねって話になるんだけれど。

そこが、まさに「愛の違い」なんだろうと思います。

けっきょくのところ、愛のある生き方をしているかどうかなんだよ。相手が愛を感じられるムードを出すことしかない。

もう少し「聞き方」という観点に近づいて言えば、私は、**愛を持って相手の話を聞いているだけです。**

ただ、一人さんの場合、ふつうの人とは愛の大きさがケタ違いなのかもしれないなぁ、とは思います。だって私はこれまで、愛だけを考えながら生きてきたからね。

愛の持ちようについては、それこそみんなとは年季の入り具合も、力の入れようも違うと自負するぐらい、愛を大事にしてきたんだ。

もちろん、聞き方だけじゃない。日ごろの態度1つひとつに愛を込めています。究極を言っちゃうと、息をすることですら、

「地球に酸素があるおかげで、俺はこうして生きていられる」

「呼吸できる元気な体でありがたいなぁ」

って感謝しかない。もちろん、呼吸のたびにそれを意識するような忙しいことはしないけど（笑）、なにを考えるのも愛が前提だし、どんなことも愛からスタートするのが一人さんなの。

で、ここまで愛を出している私なんだから、そりゃあ、聞き方だってハンパなく愛があるだろうなって。手前味噌かもしれないけど、そこは自信があるんです。

そして、そんな一人さんが聞き上手と言ってもらえるんだとすれば、私がやっている聞き方は「愛を出しながら聞く」ことしかない。

これが、私の答えです。

コントロールできるのは本物の愛じゃない

はじめに、「人間関係を見ると自分の魅力レベルがわかりやすい」と言いました。じゃあ、人と接するときだけ愛を出せばいいんですね、って思うかもしれないけど、残念ながらそう都合よくいかないのが愛なの。さっきは出したけど、いまは出さないとか、自分でコントロールできないのが愛なんだよね。

愛は、勝手にあふれ出すものです。

愛を知っている人は、いつでもどこでも無意識に愛があふれ出す。愛のある聞き上手な人は、もれなくほかの場面でも、周りの人に深い愛情を感じさせるはずなの。

その反対に、愛を忘れちゃっている人は、どんな場面でもうまく愛が出ません。人の話を聞くときに限らず、いつも愛が感じられないだろうし、愛のように見えても、それはちょっとズレた〝偽物の愛〟だったりするんだよ。

シーンによって愛を使い分けるなんて、ありえない話なの。

つまり、奇跡やチャンスをしょっちゅう引き寄せる成功者というのは、そもそも生き方からして素晴らしいってことだよね。


それに一人さんが見る限りでは、**人生がうまくいっている人がみんな聞き上手かと言うと、そんなことはない。**

というか、「聞き上手」の定義からして、いまひとつはっきりしません。なにをもって聞き上手というのか曖昧（あいまい）なんです。

たとえば、初対面では「この人、聞き上手だなぁ」と感じた相手でも、二度、三度と顔を合わせるうちに、どことなく違和感が出てくることだってある。人の話を聞く態度としては優れているのに、なぜか「この人には心をゆるせないなぁ」って人、いるんじゃないかな？

こういう場合は、いくら聞き方がよくても、聞き上手とは言えないよね。

いっぽう、聞き方としてはごくふつうなのに、「この人の前では飾らない自分がいる」みたいな相手もいます。会うたびに安心感や信頼感が深まり、なんでも話したくなっちゃう。聞く力がハンパないなぁって思うよね。

そういう人には、間違いなく愛がある。ふつうとは違う、愛のムード（波動）が感じられるから安心も信頼もできるんだ。

で、その人が聞くときだけ愛を出しているかというと、違うと思います。

いつでもどこでも、**誰に対しても、あったかい愛を出しながら生きる魅力的な人だからこそみんなに好かれるし、「この人に聞いてもらいたい」ってなる。**

一人さんの言う「魅力ナンバーワン」とは、まさにこういう人を指すんだ。

核心にいち早く行き着いて心に寄り添う

愛のある聞き方といっても、抽象的でよくわからない人がいるかもしれません。

ただ、愛の出し方は人それぞれ違うものだし、そのときの状況によっても愛の表れ方は変わるもの。

1つひとつ具体的に挙げることは難しいけれど、たとえば、

「相手がなにを言おうとしているのか」

ということに集中するのも、1つの愛の形だと思います。

一人さんが改めて「俺の聞き方で特徴的なことってなんだろう?」と精査してみて、わかったことがあります。

それは、まず「話の核心」をつかみにいく点です。

相手がいちばん伝えたがっていること、こちらにわかってほしいと思っている主旨にいち早く行き着き、その「心」に寄り添うんだよね。

多くの人は、自分の本心をいきなりストレートに表現することはしません。

とくに日本人は謙虚な気質もあって、角が立たないように、婉曲的(えんきょくてき)な言い回しを

好む傾向があります。

相手の言葉をそのまま受け止めるだけでは、細かい発言の1つひとつに振り回されて、なかなか本題に行き着けないんだよね。

だから一人さんは、もっと深いところを見ます。相手の波動を感じ取る、という言い方でもいいんだけど。

「言葉を選んで遠回しに表現しているけれど、いちばん言いたいのはこれだな」

「顔では笑っていても、心は泣いているんじゃないだろうか」

そんなふうに、目の前の人の「心」を読み取ることに一点集中します。

という話をすると、みんなは「高度なテクニックですね」って思うかもしれないけれど、違うんです。

こういうのは、聞き手が愛を持っていればおのずと見えてくる。

愛のある人は、相手の話を耳で聞くというより、心で聞くんだよ。一人さんもそういう感覚なの。

日本語に「傾聴」という言葉があるけれど、その意味に近くて、相手の話を心で受け止めるイメージです。

最初は誰だってうまくできないよ。相手がなにを言いたいのか、心で聞くってどういうことなのか、よくわからないのが当たり前です。

でも、これが不思議なもので、相手の心に集中するうちに、玉ねぎの皮を1枚1枚はがすみたく核心に迫っていくの。すると、だんだん見えてくるものがある。

そのときに、相手の言葉に対して、あなたが「そうなんだね」と言うとするでしょ？　この、なんてことないひと言にあなたの愛が宿り、なんとも言えないあったかい相づちになるんです。

あなたの愛を受けた相手は、わかってもらえたという喜び、安心感でいっぱいになるし、「なぜかあなたにはなんでも話せちゃう」って、胸の内を明かしてくれるようにもなるでしょう。

これが、まさにみんなが理想とする「コミュニケーション力の高い聞き方」ということになるんじゃないかな。

「尊重」と「理解」はまったく違う

円滑な人間関係には、共感が欠かせないと言われることがあります。人の話に共感できることが、コミュニケーションで大事だよって。

それはもちろん、その通りだと思います。「相手の心の声を聞いて寄り添う」とお伝えしたように、私も、「共感」という愛の表れを大切にしています。

ただ……実際に人付き合いをするなかでは、うまくいかないこともあるよね。とくに、自分が好きでもない相手に共感するのは、誰にとっても難しいことです。

そうすると、共感できない相手とはどうかかわったらいいのかって話になるんだけど、さっきと同じで「嫌な相手とは付き合わない」というのが一人さんの考えなの。

嫌な相手とまではいかない場合でも、距離を取るのがいちばんです。

なぜかと言うと、ちょっとした違和感の段階で離れると、それ以上は相手を嫌いにならないでしょ？　**嫌悪感に変わってしまう前に対処すれば、嫌いになること自体がなくなるんだよね。**

人を嫌いになるのは、「なんとなくウマが合わない」という本心を無視して付き合い続けたり、「こんなことで人を遠ざけるのは悪い」とかって我慢したりするのが最大の原因です。

話の合わない相手に共感できないのは当たり前なのに、それを無理にやろうとするから嫌になる。遅かれ早かれ相手を嫌いになるし、それでも我慢し続けると、憎しみにまで発展しちゃうんだよ。

人を憎むって、自分もすごく疲弊します。心が憎しみに支配されちゃうと、負のオーラになって人生が地獄になるの。

そのことを、しっかり理解しておかなきゃいけない。

好きでもない相手なのに、「この人にもいいところがあるはず」「どこかにきっと共感ポイントがある」なんて、自分を追い込んじゃダメなんだ。

それともう1つ、これも似た話なんだけど。

過去に、「人の話を聞いていると、〝そうじゃないのに〟〝私だったら……〟みたいな、相手を否定する考えばかり湧いてきて、性格の悪い自分が嫌になります」「人を尊重できない自分の未熟さが苦しい」って悩んでいる人がいたんです。

実はこれ、根本的な勘違いがあります。

なにが間違っているのかと言うと、この人、「尊重」と「理解」を混同しちゃってたの。尊重と理解は同じ意味のように捉えられがちだけど、そうじゃないよ。

尊重というのは、簡単に言うとこういうことです。

「私とは違う考えだけど、あなたの考えもアリだよね」

「あなたは、あなたの好きなようにすればいい」

相手の思いや意見が理解できなくても、こんなふうに受け止められたらじゅうぶんなの。これが正しい尊重であり、自分の意見を曲げてまで相手に合わせるのは尊重ではありません。

自分に嘘をつく必要はないし、「それもいいじゃん」ぐらいの軽さで受け止めたらいいだけのこと。相手の考えを無理に理解しなくていいし、その代わり、相手を否定することもしない。

それを、相手の意見に賛同しなきゃいけないと思い込んでいるから、心が反発して「そうじゃない」という思いが湧いてくるんです。

あなたの心だって、あなたに認めてもらいたいんだよ。なのに、自分の気持ちを封印し、相手に合わせようとするからモヤモヤする。

ためしに、自分の意見はそれとして引っ込めず、相手の意見を「へぇ〜、私とは違う考えだけど、それもいいね」って軽〜く聞いてごらん。

きっと、心模様はずいぶん違ってきますよ。

人の話を聞くって、そのこと自体、相手の思いを聞いてあげよう、伝えたいことを言わせてあげようっていう愛です。

そのうえ、相手がいちばん言いたいことをきちんと拾い上げ、その心に寄り添えたら、これ以上の愛はない。

で、それができる愛のある人は、たとえ相手の意見が自分とは違っていても、さらっと尊重できるのだと思いますよ。

人間好きの相乗効果で聞き上手に見える

一人さんは、人間が大好きなんです。無類の人間好きなの。

その人の歩んできた人生とか、仕事はなにをしていて、どんなことが好きなんだろうって、次から次に興味が湧いてくる。

この世に、同じ人生の人は1人たりともいません。どんな相手にも、一人さんが見たことも聞いたこともない経験があるし、それぞれに、映画になるぐらいの人生ドラマがある。

自分の知らない世界に触れる体験って、本当に楽しいんだよ。

だから、ちょっと食事に出かけても、気がつけばお店の人と話し込む（笑）。ドライブ旅行に出かければ、旅先で出会った農家のおじさんと1時間でも2時間でも盛り上がっちゃう（笑）。

初対面の相手に、よくそこまで興味が持てますねって言われるの。

でも一人さんにしてみれば、初対面だからこそ興味が尽きないし、それぐらい人間好きなんです。

無理に興味を持とうとか、相手に好かれたいとか、そんな野暮な考えじゃないの。

相手の人生にワクワクして、いくらでも話を聞きたくなっちゃうだけで。

そんな一人さんは、あちこちで「聞き上手ですね」って褒めてもらえるんです。

自分ではそんなふうに思ったこともなければ、聞き方を意識したことすらないのに、決まって「一人さんとは何時間でも話せます」「いやぁ、一人さんには隠しごとができないな（笑）」なんて言われちゃうの。

その理由はやっぱり愛にあるんだろうけど、もう1つ、私の「人間好き」な気質も大きく関係しているかもしれません。

愛があるうえに、相手への興味がいくらでも湧いてくる。その相乗効果で、とんでもなく聞き上手に見えちゃうのかもしれないね。


というか、考えてみれば、人間好きも愛そのものだよな。「好き」ということ自体が、愛だから。

人間好きにとって、人の話はなんでも面白い。

相づちなんかにも自然と熱が入るし、1つ聞いたら、それに対する質問だってしたくなります。

つまり、人間好きが愛を加速させる。と思うと、なぜ一人さんがこれほど人から好きになってもらえるのか、説明がつくんです。

そして逆から見ると、**愛の出し方がいまひとつわからない人は、人に興味を持つことからはじめてもいい。**

人間への興味が湧けば、おのずと愛も大きくなるはずだからね。

楽しむことで聞く力が磨かれるんだ

さっきの人間好きにも通じる話だけど、私は好奇心旺盛で、自分の知らないことはなんでも見聞きしたいタイプ。だから本や映画も大好きで、それこそ子どもの頃から本の虫だった。映画も、多いときは日に3〜4本も観ていたんです。

本や映画のなかには、自分の人生だけではとうてい体験できないことが、いっぱい詰まっています。わずかな時間で、何百、何千通りもの人生を疑似体験できる。こんなに面白いものはありません。

それで一人さんは、勉強もしないで読書をしたり、映画館に通いつめたりしていたわけだけど（笑）。いまだにその熱は冷めないどころか、大人になってなお、好奇心は膨らみ続けているんです。

一人さんにとって、人の話を見たり聞いたりすることは、これ以上ない最高のレジャーなの。


好奇心は、自然発生的なイメージがあるというか、生まれ持った気質だから、自分で育てられるものではないと思われるかもしれません。

でもね、その気になれば、好奇心なんていくらでも持てます。しかも、誰でも簡単にできる方法がある。

それはなにかと言うと、自分が楽しむことだよ。

私から見ると、みんな我慢しすぎなんです。家でも会社でも、なぜそんなに自分に我慢を強いるんだろうって。

その我慢が、あなたの好奇心を奪っているんだよ。

好奇心は、楽しいことを1個でもすれば勝手に出てきます。

その理由はね、私たちがこの地球に生まれてきたのは、楽しむことを通じて魂を磨き上げるためだからです。

父であり、母である神様に少しでも近づくために、魂を成長させたいんだよ。

よく、「親父を超えるぞ」とかって言うじゃない。あれは、人間界では父親のことを指して言うけれど、魂的には、そのずっと先にいる神様を見ている。

神様に近づきたい、もっと愛を大きくしたい。そのために、この世界での体験をぜんぶ楽しむぞ。

そんな願いが私たちの魂に刻み込まれているから、みんな楽しむことが好きなんです。楽しむって、人間の本能なんだよな。

楽しいことをすると、まず自分の魂が喜びます。

それは魂のレベルアップを意味するから、もっと楽しみたい、次はどんな楽しいことをしようかって、どんどん興味が広がっていく。勝手に好奇心が大きくなる。

だから、「知らない世界をちょっとのぞいてみようかな」「人に好きなことを聞いて、面白そうなものがあれば自分も挑戦したい」とかって、人の話を聞くこともどんどん楽しくなります。

楽しめば好奇心が育つのはもちろん、愛も深まるし、魅力もついてくる。

当然、聞く力だって磨かれるよ。

テクニックより大事なものがあるんです

人に興味を持つと、「この人のことを知りたい」「話を聞きたい」と思うのがふつうだし、愛だって当たり前に出ます。愛があれば、テクニックなんて駆使しなくても相手は気持ちよく話せるの。

だからたとえば、相づちを打つときなんかも、いちいち難しいことを考える必要はありません。自分なりに「いまだ」と思う絶妙なタイミングで頷いたりすればいいだけです。

愛があれば、ぜんぶ愛のあるリアクションになる。だから、どこでどう合いの手を入れても、間違うことがないんだよね。

もう少し具体的に言うと、**愛のある人って、同じ相づちでも「アガる言葉」「明るい言葉」を無意識に選ぶんだよね。**

「いい考えだなぁ」
「素敵～」
「楽しそう！」
「勉強になります」
「それ最高だね」

みたいな感じで、相手がうれしくなったり、話しやすくなったりする言葉でリアクションができる。だから、自然に話も盛り上がります。

言霊(ことだま)といって、言葉には、その言葉が持つ意味と同じエネルギーがあるんです。

つまり、いい言葉には「いい波動」、嫌な言葉には「嫌な波動」が宿っている。

いい波動の明るい言葉を使えば、その言霊パワーによって、言った人も、言われた人も明るい気持ちになります。

その場の空気まで、カチッと明るいムードに変わる。

そうやって、いい波動のやり取りをしていると、話のなかでポンポンいいアイデアが生まれたり、楽しい発想、ワクワクする情報が出てきたりするんです。お互いに、トクする会話になるの。


人のかかわりは、愛のやり取りが基本。

それなのに、いちばん大事な愛を無視してテクニックに走るから、うまく気持ちが伝わらなかったり、誤解が生じたりして、「人付き合いは難しいな」ってなるんです。

こじれた人間関係を、さらにテクニックで解決しようとすればどうなるか、言うまでもないでしょう。

それで言えば、愛があればテクニックなんて考えなくても最高の人間関係が築けるわけだから、これほど簡単なことはありません。

テクニックを習得するより、まず愛を思い出せばいい。

そしてその愛を大きく育てるうちに、勝手に聞き上手になっちゃうからね。

第 2 章

「本当の聞く力」を身につけて人生を大好転させる秘訣

魂は1本の長い長い道を歩んでいる

男性と女性では根本的に思考回路が違うとか、若い人と高齢者はなかなか理解し合えないとか。昔から、そんなことが言われます。

もしかしたら、ある一部分だけを見たらそういうことが言えるかもしれないけど、基本的には同じ人間なんだよ。男性も女性も、それから年齢や国籍、生まれ育った場所なんかに関係なく、誰もが神の子。

魂という根っこではみんな愛が好きだし、愛を求めている。誰だって、愛のある場所にいたいんだよね。

世の中は広い。なかには、愛に反発する人や、愛を出してもあだで返すような人もいるだろう。でもそれは、その人の魂がそうさせているわけじゃない。

本当は、その人だって自分の中心に愛を持っています。

ただ、この世で生きるうちに、つらいことや苦しいことがいっぱいあったんだよ。それが心の傷となり、愛が見えなくなってしまった。愛のまわりにドロドロした汚れがこびりつき、そのせいで愛が隠れているだけなんです。

汚れはね、本人が学びを得ることで少しずつはがれ落ちます。

生きているあいだにきれいに落とせたら、それに越したことはないけれど、もし今世でうまくいかなかったとしても、来世があるから心配ない。それでもダメなら、再来世がある。

人の魂は永遠で、何度だって生まれ変わることができるからね。

肉体には耐用年数みたいなものがあって、いつか限界がきたら死を迎えます。それに対し、魂はずっと生き続けます。

この世での死は、あの世での誕生。前世までの学びをそのまま今世に持ってきたし、今世までに学び終えたことは、また来世以降に引き継がれるんだよ。

魂は、途切れることなく1本の長い長い道を歩み続けています。

だから心配ない。愛を忘れてしまっている人も、いつか必ず愛を思い出して幸せになれるんだ。


このことを知っていると、愛のない人が出てきても、

「この人は、いま学びの途中にいるんだね」

「愛で見守ってあげよう」

そんな気持ちになれるんじゃないかな。

愛のない人からはそっと離れて、深く付き合わない。これが、お互いのためになるベストな選択だと私は思っています。

興味がなきゃ聞き上手もなにもないよね

人の話をよく聞こうと思うのに、目の前で誰かが話していても、無意識のうちに違

うことを考えてしまうことはないだろうか？

相手の話に集中しているつもりが、いつの間にか聞き流していた……なんてこともあると思います。

もしそういうことが多々あるのなら、これはもうあなたの性質なんだろうね。次々に思考が湧いて、いつも頭が忙しいタイプの人っているの。考えごとで頭がいっぱいだから、人の話がなかなか入ってこないんです。

それが悪いわけじゃなくて。**持って生まれた個性だから、直すんじゃなくて活かす道を探したほうがいい**と思います。

個性は、「それを活かすことで、あなたが幸せになりますよ」っていう神様からの贈り物なんです。オンリーワンの武器であり、磨き上げてうまく使えば、それこそナンバーワンの魅力となる。

せっかく素晴らしいものを授かっているのに、悪者扱いして活かさないなんて、一人さんにしてみればありえない話なの。そういう人を見ると、もったいなくて残念な気持ちになるんだよね。

そもそも、個性は「活かすもの」というのが大前提だから、無理に直そうとしても難しい。直そうとするより、活かす道を探すほうがよっぽど簡単で早いの。

しかも、**ナンバーワンの魅力に行き着けば人生が激変する。運気が大好転するんだ。**


いっぽうで、性格的にも状況的にも人の話を聞けるはずなのに、たまに「この人の話は頭に入ってこないなぁ」ってこともあるんです。

この場合は、理由が明確なの。相手の話が面白くない(笑)。

だって、あなたの興味ある内容だったら、たとえ気持ちに余裕がなくても勝手に耳が聞いちゃうでしょ?

「その話、絶対聞きたいからあとで教えて」とかって、聞き逃さないよね。


ところが、気持ちに余裕があって聞く体制も整っているのに、なぜか相手の話が頭に入ってこない。これはもう、あなたがその話にまったく興味が持てないとしか思えないよな（笑）。

それを不快に思った話し手が、「君は人の話を聞かないな」とかってつぶやくことがあるんだけど。いや、あんたの話が面白くないんだって言いたい（笑）。

相手に興味を持ってもらえる話をしなきゃ、どんな聞き上手な人でも、耳を傾けることはできないんだ。

ちなみに、ちょっと話はズレちゃうかもしれないけど。

面白くない話といえば、世の中には「あなたのためを思って言うけど」と言いながら、自分の考えを押し付けてくる人がいます。

あなたのためと言えば聞こえはいいけど、本当にあなたの幸せにつながるのか、こういうのはよく見極めないといけないね。

で、まったく自分のためにならない話なら、聞かなくていい。

一人さんだったら、「アドバイスありがとう」と言って角を立てずに、ただ、相手の言うことは聞かない。絶対にね（笑）。

ぜんぶ聞こうとするから肝心な話を聞き逃す

校長先生や上司の話は、昔から長いものだと言われます。パーティーなんかでも、乾杯前にビールの泡がなくなっちゃうまで話す人がいるけど、あれは本当にやめてもらいたい（笑）。

だから一人さんは、「ひと言お願いします」と頼まれたら、本当にパッと話して終わり。聞いてる人が、「もう終わりですか⁉」と言うぐらい短い（笑）。

でもね、乾杯のあいさつなんて、もっと聞きたいと思われる程度でちょうどいいんだよ。

相手の話が長すぎて聞くのがつらい場面では、さっさと話題を変えるのがいちばんです。

あるいは、適当なところで「用事があるので失礼します」「電話がかかってきたので、すみません」とか言えば、自然な形で話を終わらせてもらえると思います。

話の長い人に付き合っていると、いつまでも終わらないからね。そういうときに遠慮してちゃダメなの。

一人さんだったら、会議でつまらない話を延々とする上司やなんかがいると、思いっ切りあくびをしたり、暇そうな顔をしたりするな（笑）。「その話、退屈ですよ」っていうのを、全力でアピールします（笑）。

部下としては、査定に響くからそんなことできない？

あのね、そんなことぐらいで逆ギレするような上司じゃ先が思いやられるよ。嫌な上司との付き合いに神経すり減らすぐらいなら、転職や独立を考えたほうがいいんじゃないかな。

お釈迦様も、昔から言ってるの。

親切にするのは、人を見てしなくてはいけないよって。

つまり、横暴な上司、理不尽な相手にはハッキリと嫌な態度を見せていいし、ご機嫌取りなんてしちゃダメなんだ。

だいたい、ダラダラ話をしたって、伝わるものも伝わらないよな。**長ったらしい話は、頭に残らないのが当たり前なんです。**

そんなこともわからないで人の上に立っていても、部下に嫌われるだけなの。話が長すぎることを教えてあげるのも、部下の愛だと思うよ。

一人さんに言わせると、仕事でもなんでも、短い言葉でじゅうぶん意図は伝わります。そうだなぁ……**1時間の話のうち、本当に大事なのはせいぜい1～2分だろうね。**

そこさえ聞き逃さなきゃいい。

それをぜんぶ理解しようとするから、余計な話に気を取られて、肝心なことを聞き逃しちゃうんだ。

オーバーなリアクションでちょうどいい

真剣に聞いているつもりなのに、なぜか「話、聞いてる？」なんて注意される人がいるでしょ。

話を聞いてなかった自覚がある場合は、単なる「うわの空」だったんだろうけど、ちゃんと聞いていたのに注意されたのなら、相手が「聞いているように見えない」と感じるなにかがある。

ひと言でいえば、リアクションが足りないんだと思います。

話を聞いていたのなら、少なくとも、相手はあなたが興味を持てる話をしていたのだと思います。つまんない話なら、そもそも聞いてないだろうから（笑）。

という前提で言えば、「聞いているよ」というのが相手にうまく伝わっていないだけで、それができれば、お互い気持ちよく会話のキャッチボールができるはずです。

それなら、**ややオーバー気味に「うんうん」と相づちを入れるなど、リアクションを大きくすることを意識したらいい**んじゃないかな。

控えめな気質を持つ日本人には、リアクションが苦手な人もけっこういるんだけど。外国人を見てごらんよ。話す人もすごいけど、聞く人のリアクションも相当ダイナミックでしょ？

もともと目鼻立ちがハッキリしている顔立ちの人は、それだけで存在感がある。そのうえ、さらに表情を大きく動かしたり、身振り手振りも大きいから、「聞いてますか？」なんて感じる余地がない（笑）。

それに比べると、日本人はリアクションが薄いの。

生活様式の欧米化に従って、昔の人よりは表情なんかも豊かになってきたとは思うけど、外国人との比較ではまだまだおとなしいぐらいです。

そんな背景を踏まえると、日本人の場合、ちょっと大げさなぐらいのリアクションでいいと思いますよ。オーバーなぐらいでちょうどいい。

それと一人さんの場合、**人の話を聞くときにはだいたい眉間（みけん）を見ます。**

とくに意味はないし、なんとなく落ち着くからそうしているだけなんだけど、相手の目をじっと見るのはちょっと照れるし、話し手のほうも、あんまり凝視（ぎょうし）されると戸惑います。なんだか気まずい（笑）。

その点、眉間に視線を置くとちょうどいいの。

目に近いところを見ていれば、相手は「話を聞いてくれている」と感じやすいし、眉間には「第三の目（魂の目）」が存在するという説もあるので、そこに目線を合わせることで、愛がより伝わりそうだよね。

じっと目を見るわけじゃないから、お互い緊張もしにくく、安心感がある。

そう考えると、目線を眉間に合わせるのは、想像以上にいい効果があるかもしれないね。

相手が間違ったことを言ったときは……

会話をしているとき、相手が明らかに間違ったことを言うことがあります。で、間髪入れず「それ、違うよ」とかって否定する人がいるんだけど。

なんでもかんでも訂正すればいいわけじゃないんです。いくら相手が間違っていても、あえてスルーしたほうがいいときもあるの。

むやみに指摘しちゃうと、相手のプライドを傷つけてしまうことがあるし、とくに周りにほかの人がいる場合なんかは、恥をかかせちゃうことになりかねないでしょ？

だから、指摘する場合は状況をよく見なきゃいけない。

数学みたいに、全員に共通する答えがあるものはまだいいんです。問題は、それぞれの立場や考え方によって、正解が幾通りもあるようなテーマのときなの。

あなたには相手の考えが間違っているように思えても、相手にとっては、あなたの意見のほうが受け入れがたいこともよくある話。

それなのに相手を否定すれば、お互いに「そっちがおかしい」と言い合うことになって、ムードを害しちゃうんです。親切で訂正してあげたつもりが、相手を不快にさせるだけでなく、自分の気分も悪くなる。いいことなんてひとつもないんだよ。

だから、相手の意見に違和感があっても、やみくもに指摘しないほうがいい。**あえてなにも言わないのも、やさしさであり、愛なんだ。**

もちろん、教えないことで相手が不利益を被りそうな場合は、さりげなく伝えてあげたらいいよね。たとえば、一人さんがそういう状況になったときは、こう言うかな。

「俺もよく知らないんだけど、実はこんな話を聞いたことがあってさ」

いきなりバサッといくと、相手にしてみれば、知識をひけらかされたとか、頭ごなしに否定された印象を受けてしまいます。

その点、「自分もあまり詳しくないけど」という枕詞を置くことで、単なる否定にはならないよね。ずいぶんやわらかい印象になると思うし、正しい情報を、相手を傷つけることなく伝えられます。

じゃあ、伝えたほうがいいときと、そうじゃないときの判断はどうやってつけたらいいんですかって言うと、これも「愛」で解決できる。

あなたが**愛を持って相手の話を聞いていたら、「注意してあげたほうがいいな」「指摘しないほうがよさそうだ」というのが自然にわかるんです。**

最初はうまくいかなくても、愛を出し続けているうちに、だんだん的確な判断ができるようになる。

こういうのは、理屈じゃない。愛の直感みたいなものが指し示してくれるんだ。

一人さんが思う「質問上手」ナンバーワンの人

このところ、私が「この人ほど質問上手はいないなぁ」と思う人がいて。

それは、ライターの古田尚子さんという人です。

実は、この本をまとめてくれているのも古田さんだし、それ以外にも、一人さんやお弟子さんたちの本をたくさん手伝ってくれているライターさんなんだけどね。

彼女とお仕事をさせてもらうようになってから、もう10年以上になりますが、本当に天才的なんです。

本人は「私の話を一人さんの本に載せていただいていいんでしょうか？」って恐縮しているけれど（笑）、これは一人さんの正直な思いだから、書いてもらいました。

古田さんのなにがスゴいかって言うとね、聞く力が素晴らしいの。

一人さんがちょこっとしゃべった話を柱に、パパっと１００個ぐらい質問を考えちゃうんだよね。１００個の質問って、並みの数じゃないよ。

しかも、最初に私が語るのは、文章にするとほんの数行程度の短い話なんだよ。

たとえば「世の中はだんだんよくなることが決まっているし、未来は明るい。そう思ってる人が幸せになるよ」ぐらいのひと言から、１００個とかそれ以上の質問を出してくるわけ。

ハッキリ言って、よくこんなに聞きたいことが出てくるものだと感心しかない。
これだけの質問力を持つ人は、いまだかつて出会ったことがないし、たぶんこの先も、古田さんに敵（かな）う人はちょっといないだろうなぁ、って思うぐらいなんです。

一人さんの話をいろんな角度から解釈し、俯瞰（ふかん）したり、深掘りしたり。あらゆる手を尽くして、質問してくれる。

ここまで私の考えが知りたい、意見を聞きたいって言ってもらえたら、こんなにうれしいことはないんです。

だから、ついつい新しい本をつくっちゃうことになる（笑）。
それはうちのお弟子さんたちも同じで、古田さんから「こういう新刊をつくりませんか？」って提案があると、すぐ引き受けちゃうよねって（笑）。

そうやって本が出来上がると、一人さんやお弟子さんたちはもちろん、私のファンでいてくれるみんなも喜ぶし、古田さんだってうれしい。

本が売れたら、出版社も本屋さんも笑顔になるよな。

かかわる人がみんな税金を払えば、社会貢献になって世間からも感謝される。

こういう、**自分や取引先、お客さん、世間の全員がハッピーな商売を「四方よし」と言って、神様から「愛が出せましたね」「よくできたね」って特大の花マルがもらえるんだ。**つまり、いいことがどんどん起きてくる。

古田さんの質問から四方よしがはじまるわけだから、古田さんの聞く力、質問力の根底にあるのは愛なの。

「一人さんの教えを、困っている人たちに届けたい」

「私が聞いたことをわかりやすくまとめて、みんなの役に立ててもらえたらうれしい」

そんな愛が文章にも現れるから、たくさんの人が古田さんの文章に涙を流すし、救われるんだと思います。

失敗をカバーできる土壌をつくっておきな

人間関係は、楽しいことばかりではありません。故意でなくても相手に不快な思いをさせてしまったり、迷惑をかけたり、避けられないもめ事だって起きるよね。で、謝罪しなきゃいけないとなった場面で対応を誤っちゃうと、火に油を注ぐことにもなりかねない。

それだけに、反省や誠意がしっかり伝わる態度とか、少しでも相手の怒りが収まるような謝罪の言葉とか、早くお説教が終わる聞き方みたいなものに、みんなの関心も高いわけだけど。

いちばんいいのは、少々の間違いはあっても致命的な失敗は起こさない自分、ミスをしてもすぐにフォローできる状態をつくることだと思うんです。

人間、誰でもしくじることはあります。どんなに注意を払っていても、間違えてしまうことはあるよね。失敗しない人がいるとしたら、それは完全無欠の神様だけだよ。

だからそもそも、間違うときもあるという前提でいたほうがいい。

そしてそのうえで、**重大なミスだけは避けられるように準備しておいたり、失敗しても対処できる体制をつくっておいたりすることが大事**なんじゃないかな。

大変なことがあっても、それを乗り越えられるようにしておく。

一人さんはそういうところの抜かりがないから、人に叱られることがまず起きないんだよ。

失敗をカバーできる土壌さえつくっておけば、うっかりミスをしても大事にはいたらないし、そのことで迷惑をこうむる人もほとんどいない。

結果、誰からも怒られないわけ。

それはどうすればできるかって言うとね、まさに人間関係なの。

自分の人生を楽しみ、愛を出して、いい人間関係をつくる。それに尽きるんです。

愛のある人が周りにいると、なにかと助けてもらえます。

ミスをしそうなときは、「気をつけて」って注意してくれる。失敗してしまったとしても、その後処理に力を貸してもらえる。いつも誰かがサポートしてくれるから、1人でパニックになることがないし、なにが起きてもみんなで力を合わせてスムーズに解決できるんだよね。

いい仲間の手助けほど、頼りになるものはありません。

良好な間柄の相手だと、もし迷惑をかけることがあっても、少々のことは「誰だって間違えるよね」と笑ってゆるしてもらえます。同じことでも、親しくない相手の場合はそう簡単に終わらないんだよね。

だからまず、愛を出すこと。愛を持って、人を好きになる。

ミスをしたときの謝罪の仕方や、叱られたときの態度を気にかけるより、愛を出すことのほうが圧倒的に大事なんだ。

ヘンに取り繕わない素直さがいちばん

「親しき仲にも礼儀あり」という言葉があるように、いくら仲のいい間柄でも、相手を傷つけたり迷惑をかけたりしたときは、ちゃんと謝らなきゃいけないよね。

愛がある人は、「どう謝るのが最良か」なんてことは、もうわかっているかもしれないけど、それは「素直さ」なんです。

下手にテクニック的なことを考えると、むしろ逆効果になっちゃうことがある。

それなら、取り繕ったり、ごまかしたりしないで、最初から素直に謝ったほうがよっぽど効果的だと思います。

愛で考えたら、「逆の立場だったらどうかな？」っていう視点になるものなの。

あなたが嫌なことをされたとき、相手が素直に謝らず言い逃れをしてきたらどう思うだろう。ただでさえ不快な思いをしているのに、自分は悪くないと正当化してきたら、ますます腹立たしいんじゃないかな？

言い訳なんてしないで謝ってくれたらゆるせたものを、自分を正当化されたことで、ゆるす気が失せた……なんてこともあると思うよ。

愛のある人は、瞬時にこういうことがわかります。

すべての答えを知っている魂が、「素直の道だよ」って、進むべき方向を教えてくれるんだよね。

だから、いちいち意図しなくても誠意を感じる謝罪になるし、相手にもそれが伝わって、「もういいですよ」ってなる。

保身のためにへんてこりんなテクニックを駆使するより、素直がいちばん。けっきょく、誰にでもできる簡単な方法が王道なんだよな。

ただし、自分が悪くないときは思いっきり反発するのが一人さんです（笑）。

本当に自分が悪いと思っているとき、心底反省しているときは誠実に謝るけど、嫌なやつにグダグダ説教じみたことを言われようものなら黙っちゃいない（笑）。

子どもの頃なんて、学校の先生や親から「勉強しろ」「学校へ行きなさい」とかって口うるさく言われたものだけど、一人少年はそのたびにこう反論した。

「そんなに勉強が大事なら、自分がしたらいいじゃないか。俺は勉強が嫌で嫌でしょうがないのに、なぜ嫌がることを強制するんですか？」

理不尽なことには、こっちもガツンと言い返す。で、それすら面倒なときは、聞いてるフリしてなにも聞いてなかったよ（笑）。

基本的に、私は回りくどいことや難しいことは苦手なんです。だから、いつだってストレートなの。

たとえば、人の悪口や自慢話ばかりの相手がいたら「黙りな」。つまらない冗談ばかり聞かされたら「今日もつまらないね」（笑）。

初対面で一目ぼれした相手にも、「連絡先を教えてください」って直球勝負です（笑）。

ずいぶん勇気がありますねって、別に連絡先を聞いたぐらいで、相手は嫌な印象は持たないと思うけどね。もし不快感を持たれたんだとしたら、連絡先を聞く以前に、なにか相手に嫌悪感を抱かせるような言動があったからじゃないかな。

それに、無理やり電話番号を聞くわけじゃない。向こうの都合が悪けりゃ、絶対に教えてくれないだろうし、それは相手の自由だからあきらめるしかないよな（笑）。

あと、相手がなかなか本音を言ってくれない場合なんかも、それを聞きたければ「本音でしゃべりましょうよ」「本音で話し合おう」って言います。

で、それでも本音が出てこないときは、「本音を言いたくないのが、いまの本音なんだな」って理解するの。

いちばんマズいのは、本音を引き出せないことじゃなくて、無理に探り出そうとすることなんです。こんなに愛のないことはないよね。

第3章

闇の世界に光が見つかる「聞き方の真実」とは——

自分という最強のお助けマンがいてくれるよ

悩みってね、いちばんいいのは自分自身が相談に乗れるようになることなの。

相談相手が自分なら、まず人に騙されるリスクはないでしょ？

相手と自分のスケジュールを調整することもなければ、悩みが出てきたその場ですぐに対応できるメリットもある。とにかく手っ取り早いんです。

自分で自分の悩み相談に乗れるはずがないし、そんなことができたら誰も苦労しない。そう思うかもしれないけど、実は、やってみたら意外と簡単なの。

自分の悩み相談に乗れるようになる最初の一歩は、「自分を好きになる」ことです。

なぜかと言うと、人は、好きな相手のことだったらなんとしてでも助けてあげたい、と思うようにできているからね。

あなただって、大事な家族や恋人、友だちが困っていたら、自分にできることはなんでもしてあげたい。悩みが早く解決するよう、親身になって一緒に考えるでしょ？

その対象に、自分のことも入れてあげたらいいんです。

みんな、なぜか自分自身を「大事な人」の枠に入れてないんだけど、本来は、自分が自分をいちばん好きなはずなの。それを思い出せばいいんです。

自分が、自分のいちばんの友だちになる。

そうすると、悩みのタネが落ちてきた瞬間に、もう1人の自分にスイッチが入って、全力で悩みの解決に当たってくれるんだ。

自分を好きになるには、我慢をやめること。あなたが背負っているものを、とにかく降ろすの。いまいる場所が窮屈でつらい環境なら、逃げたっていい。

重すぎる荷物を降ろすことや、その場から逃げることを、まるで罪のように思っている人がいるんです。苦しくて疲れ果てているのに、我慢しないとバチが当たるとか、不幸になるとかって。

それ、あなたの思い過ごしだからね。完全に、間違った考えだよ。

肩の荷を降ろそうが、別の場所へ向かおうが、あなたに悪いことなんて起きるはずがない。

それどころか、いいことばっかり起きるだろうね。

だって、嫌なものから解放されるだけで波動はガツンと上がるから。

明るい波動になれば、その波動が楽しいこと、うれしいことを引っ張ってきてくれます。未来は、いまより幸せになることが確定する。絶対、です。

ちょっとでも波動が上がれば、そのぶん現実も好転します。

すると、真っ暗闇だった世界に1点の光が見えるの。ちょっぴりだけど、ホッと安心するんだよ。大事なのは、そこなの。

点の光が見えたらしめたもので、その光が次第に大きくなっていく。安心が安心を呼び、波動がじわじわ明るくなっていくんだよね。

明るい自分のことが嫌いな人はいません。当たり前に、好きになる。自分を好きになれば、悩みが出てこようがどうしようが心配ない。だって、自分という最強のお助けマンがいつも一緒にいてくれるわけだからね。

世界中の人に相談できる恵まれた時代なんだ

自分のいちばんの理解者、いちばんの励まし役は、あなた自身です。だからと言って、困ったときに誰かに相談しちゃいけないっていう話じゃないんです。いい家族や仲間、先輩、上司、先生といった頼れる相手がいる場合は、知恵を貸してもらえばいいいんだよ。

ただ、相手に頼り切るのではなく、自分で考えないとしょうがない。いくら適切なアドバイスをもらえたとしても、それをどう活かすかを自分で考えられない人は、うまくいきません。

自分と対話しながら、問題解決の突破口を見つけるしかないんだよ。

でもね、自分で考えたり、人の知恵を借りたりしても解決しないときがあるんだけど……。

そういう場合は、文明の利器を活用したらいいんです。インターネットで調べる。いまは本当に恵まれた時代で、世界中の人がインターネットで発信しています。自分の成功（失敗）体験や、人間関係、健康、仕事、容姿……あらゆる情報に、パッとアクセスできるんだよね。しかも、無料で閲覧できることが多い。

こういうのを活用すれば、あなたがいま悩んでいることを「乗り越えた人」「解決した人」を、家にいながら探せます。簡単に、悩みの解決法が見つかっちゃうの。

身近な人に聞くだけでは、出てきたとしても1個や2個の答えでしょ？それに対して、世界規模で答えを探せば、驚くような解決法がいくつも出てくると思います。

時々、「私の悩みは誰に相談しても解決できません」「どうして私だけこんな目にあうの?」とかって泣き言をこぼす人がいるんだけど。あなた、いったい何人に相談したんですかって聞きたい。

インターネットで世界中の人を検索して、それでもなお解決法が出てこないんだとしたらしょうがないけど、**近くにいる数人に相談しただけで「解決できない」と決めつけるのは早すぎるよ。**

病気でもなんでも、世界規模で検索すれば、あなたと同じような体験をした人はいるはずだし、なおかつそれを乗り越えた人、うまく解決できた人だっている。

いわば、世界中の人があなたの悩み相談に乗ってくれる時代なんだ。

自分でアクションを起こしたことは、記憶に濃く残ります。自力で答えを探し当てたら、その喜びだって大きい。

つまり、人から聞いたこと以上に身になるんです。

そうやって、**いろんな知識が頭のなかに蓄積されるにつれ、今度はそれらが化学反応を起こして、あなた自身から素晴らしい知恵がポンと飛び出す**こともある。

だから困ったことがあれば、インターネットをフル活用してみな。ちょっと調べるだけじゃなくて、「これだ！」って答えに出会えるまで、とことん探すの。大変なように思えても、やってみるとすごく面白いし、なにより、ほとんどの問題は自分で解決できるようになるからね。

で、もし**世界中の情報を仕入れても解決できない問題があるとしたら、それは今世、あなた自身が解決して世の中に伝える使命を持っている**んじゃないかな。

子どもの頭がよくなる「親の聞き方」

「子どもの頭がよくなる聞き方があれば教えてください」

ある親御さんから、そんな質問をもらったことがあるんです。聞き方とは言えないかもしれないけど、すっごく効果的な方法があるので教えますね。

やるべきことはただ1つ。親御さんは、子どもがなにをしても、

「おまえは頭がいいね」

そう返してあげてください。


テストで0点取ろうが、通知表が「オール1」だろうが、そこでため息をついたり、怒ったりしちゃダメだからね。

いいですか、「おまえは頭がいいね」ですよ。

もし、子どもが学校から帰ってきて「先生（友だち）が俺のことをバカだと言った」なんて言おうものなら、「それは先生（友だち）のほうがバカなんだ」と返してあげましょう（笑）。


とにかく、どんな場面でも徹底的に我が子を信じ、最後の最後まで味方をするのが親の役目なの。

これができている家の子はね、絶対的な安心感を持つんです。

どんな自分でもいい。

このままの自分が最高なんだ。

それが当たり前の感覚として育つから、自己肯定感がしっかり根付いて、逆に強くなるんだよね。「嫌な場所からはいつでも逃げていい」を知って、世間の理不尽に振り回されない。

ヘンな我慢もしないし、その素直さで人からも好かれる。

まさに、魅力の塊になるんだよね。ナンバーワンの魅力が育つ。


こういう子は、将来だって有望だよ。

学校の勉強なんかできなくたって、迷わず自分の道に進んで幸せになります。自信を持って堂々と自分の好きなことを仕事にするし、周りに助けられながら、その仕事で楽しく成功する。

もちろん、勉強が好きな子は、勉強することで自分の道を開拓していくだろう。

多くの親は、子どもに「勉強ができてほしい」と言います。なぜですかって聞くと、勉強ができたほうが将来困らないと思っているんです。

でもね、それが当てはまるのは勉強が好きな子だけだよ。勉強嫌いの子に勉強を強要するのは、逆効果なの。かえって不幸にしてしまう。

我慢ばかりした子は自己肯定感が損なわれるから、仮に勉強ができるようになったとしても、それでは親が望むような幸せな未来は訪れないんだよね。

その反対に、「勉強なんかできなくていいぞ」「おまえは賢いんだから大丈夫」と言って強力な自己肯定感を育ててやれば、子どもは俄然（がぜん）やる気になる。たくましく生きていくし、どんどん出世しちゃうだろうね。

一人さんみたく、笑いながら成功する（笑）。

勉強が好きな子は、親が口うるさく言わなくても自分から勉強します。そのまま自由にさせておけば成功する。

そして勉強が苦手な子には、嫌な勉強を押し付けなければうまくいく。

いずれにしても、**親が口うるさくしなきゃいけない理由はなにひとつない。**そういうことだよ。

ろくすっぽ会話がなくても子どもは親が大好き

これも子育てにまつわる話なんだけど、忙しいときって、子どもが話しかけてきても「あとでね」「はいはい」と受け流しちゃうこと、あるんじゃないかな。

親だって完璧な人間じゃない。ついぞんざいな返事をしてしまうことがあっても、しょうがないんです。

ところが、真面目な人はそういう自分をすごく責めるの。ダメな親だとか、こんな親のもとに生まれた子どもがかわいそうだとか。

それ、いますぐやめな。一人さんに言わせると、自分を追い込むその考えのほうが、よほど子どものためにならないんだ。

人の魂というのは、常に上を目指し続けます。この世に生まれてくるたびに、学びを積み上げていく。

ちょっとでも神様のレベルに近づきたい。

今世は、どこまで成長できるかな。

ワクワクしながら、いまこの瞬間も学び続けています。


それから、神様はこの世界を「時間の経過とともに進化する」設計にしてくれています。つまり、**遅く生まれた人のほうが、魂レベルとしては上なんだよね。**

あなたより後に生まれてきた子どもの魂は、あなたよりもはるかに魂レベルが進んでいる。子どものほうが、たくさんの学びを経ています。

子どもの魂が親の先を行っているということは、子どもは、親が未熟だということを知っているんだよ。親がへんてこりんなことをしても、子どもの魂はちゃんと「お母さん（お父さん）はいま、学んでいる途中だ」と理解できます。

もちろん愛があることが大前提だけど、**親子が愛でしっかり結び付いてさえいれば、たまにぞんざいな返事をする程度のことはどうってことない。**

愛で満たされている子は、親の愛を疑わないものです。

昔は、いまみたく便利な家電もないから、家事にも手間や時間がかかりました。それに子どもの数も、ひと家族6~7人というのが当たり前だったんだよね。

一人さんちも子どもが7人いたうえ、おふくろさんは商売をしていて、ふつう以上に忙しい人だったの。そんな状況で子どもが話しかけたって、いちいち聞いてもらえやしない(笑)。

だけど、私は親の愛を感じていたから、ろくすっぽ話ができなくても大好きだったし、「おふくろさんは、俺以上に俺のことが好きなんだろうな」と思っていました。

相手をしてもらえなくても、幼心が傷ついたことはないし、それどころかいつも安心していたよ。

子どもは、愛があればちゃんと育ちます。そう思って、反省よりも愛を出しな。

体が病気になるように地獄の人生になる

日本語に「沈黙は金、雄弁は銀」という言葉があります。辞書には、「沈黙はときに雄弁に優る」という意味で紹介されているんだけど。

この言葉の本質ってね、一人さんは愛だと思っているんです。

余計なことを言えば、嫌われるのは当たり前。なんだけど、それをわかっていても嫌味が口から出ちゃう人がいるでしょ？

ようは、愛がないんだよな。

そのひと言で、相手がどれほど嫌な気持ちになるか想像できない。

想像力の欠如というより、愛がないから、頭に浮かんだことがそのまま口から出てしまうんです。

愛があれば、なにかの拍子に黒い考えが頭に浮かんでしまったとしても、それを声にして発することはまずない。

愛がない人生って、解毒作用を失った肉体みたいなものなんです。

体のリンパや肝臓の解毒機能が低下すると、体内に老廃物や有害物質が溜まって命を脅かすでしょ？　私たちは、毒まみれの体では生きていられないよね。

それと同じで、愛には、「地獄言葉」（聞いた人が不快になる言葉）とか貧乏考えをきれいにろ過し、明るい波動に変える働きがある。

さらに愛が大きくなると、そもそもおかしな考えすら浮かばなくなります。

愛のない人は、こういう浄化機能が損なわれちゃっているから、悪い衝動が抑えられないんだね。

もっと言うと、「これはよくないことだ」という感覚も出てこなくなる。

この状態が続くと、毒に侵された体が病気を誘発するがごとく、とんでもないことばかり起きる地獄の人生になります。

郵便はがき

料金受取人払郵便

牛込局承認

9026

差出有効期間
2025年8月19
日まで
切手はいりません

162-8790

東京都新宿区矢来町114番地
神楽坂高橋ビル5F

株式会社ビジネス社

愛読者係 行

ご住所 〒 TEL:　　(　　)　　FAX:　　(　　)		
フリガナ お名前	年齢	性別 男・女
ご職業	メールアドレスまたはFAX メールまたはFAXによる新刊案内をご希望の方は、ご記入下さい。	
お買い上げ日・書店名 年　月　日　　市区 町村　　書店		

ご購読ありがとうございました。今後の出版企画の参考に
致したいと存じますので、ぜひご意見をお聞かせください。

書籍名

お買い求めの動機

1　書店で見て　　2　新聞広告（紙名　　　　　　　　　　　）

3　書評・新刊紹介（掲載紙名　　　　　　　　　　　）

4　知人・同僚のすすめ　　5　上司、先生のすすめ　　6　その他

本書の装幀（カバー），デザインなどに関するご感想

1　洒落ていた　　2　めだっていた　　3　タイトルがよい

4　まあまあ　　5　よくない　　6　その他(　　　　　　　　　　　　　)

本書の定価についてご意見をお聞かせください

1　高い　　2　安い　　3　手ごろ　　4　その他(　　　　　　　　　　　　)

本書についてご意見をお聞かせください

どんな出版をご希望ですか（著者、テーマなど）

愛がないって、それぐらい恐ろしいことだし、愛のない人生がどれほど損なものか知っておいたほうがいい。

愛を出すのは難しい。まだまだそう思う人もいると思うけど、愛を出す難しさよりも、愛を出さないでいることのほうがよっぽど苦労するよ。これは間違いありません。

愛を出したほうが、ダンゼン生きやすくなる。

愛のある人生には、いい仲間や仕事、富が勝手についてきて、驚くほど面白いものになります。

あなたのいるその場所が、極楽になるからね。

「沈黙は金、雄弁は銀」に隠されたもう1つの意味

さっきの「沈黙は金、雄弁は銀」という言葉について一人さん流の補足をすると、実は、ここにはある意味が隠されているんです。

この言葉を、いつ、誰がつくったのかは知りません。だけど私はこの言葉に、上に立つ人間の嫌な意図を感じるの。

それはなんですかって言うと、権力を持つものが、民衆を自分の思い通りにしようとしたことなんです。


民衆が自分の意見を主張しだすと、特権階級の人たちは好き勝手にできません。権力者にとっては、自分の話をおとなしく聞く民衆のほうが都合がいい。

だからと言って、ストレートに「黙って言うことを聞け」と命令しても反発されるだけです。そこで、「沈黙は金、雄弁は銀」という言葉を世の中に広く行き渡らせ、それを隠れ蓑にしたんじゃないかって。

本来は立派な心がけを表す言葉なのに、それを悪だくみに利用した。


もちろん、あくまでもこれは一人さんの想像でしかないし、そうだと断言したいわけじゃないよ。

ただこういう言葉って、本来は自分自身で咀嚼（そしゃく）しながらじっくりと学びを深めるものであり、人に強制されることじゃない。**己の心で「場合によっては、あえて口を開かないことも必要なんだな」って気付いてこそ、真の学びになるんだよね。**

にもかかわらず、「聞くことが金ですよ」ってグイグイこられると、なんか違和感があるの。

そういう意味では、もしかしたら仏像なんかにも同じことが言えるかもしれません。

仏像って、その多くは耳が大きいでしょ？

これは、「仏様は民衆の声を聞き逃さないため」という意味なんだって。

つまり、話をよく聞くのは仏様のほうで、人間にそれを強いているわけじゃない。

ところが、いつからか「仏像の耳が大きいのは、人の話をよく聞かなきゃいけないという大切な教えだ」みたいな解釈を言いだす人が出てきた。

しかも、仏像って耳に比べて口が小さいものだから、「人の話をよく聞いて、口はつつしむこと」という説まで出てきたんだよね。

一人さんは、**言いたいことがあれば誰でも自由に発言していいのがこの世界だし、それで世の中がどんどんよくなる**と思っています。

だからこういう話が聞こえてくると、やっぱり黒い影が見え隠れするの。仏像とまったく関係ないところで、人をコントロールしようとするなにかがいるように感じちゃうんだよね。

ただ、こういうのが、また学びのタネ。

常識で語られてきたことにも、「それって本当?」「間違ってないかな?」って考える力を試されているんだよな。

で、こうした試練の1つひとつを経ながら、

「聞かせようとしなくても、いい話をしさえすればみんな聞く」

「愛があれば、どんな発言をしても人に好かれる」

みたいな学びに至ることで、またひとつ魂が成長する。魅力が輝きを増していく。

そうして人は幸せになり、成功していくんじゃないかな。と思っています。

都合がよすぎる話には気をつけろ

世の中には、悪いやつがいます。オレオレ詐欺とか、結婚詐欺とか、人を騙して儲けようとする悪党が必ずいるんだよね。

ニュースでもしょっちゅう詐欺被害が報じられているけど、それでも騙されちゃう人が後を絶たないのは、詐欺師があの手この手で「詐欺とわからないように」近づいてくるからです。

言い換えると、さも「愛がある」かのように見せかけ、相手を安心させたところで金を巻き上げるんだよな。とにかく厄介なの。

悪いやつに騙されないためには、それこそ聞く力が試されます。相手の話を聞くなかで、その裏側にあるのが本物の愛かどうか見抜かなきゃいけません。

このとき最大のポイントになるのが、「そんなうまい話がある?」という疑問です。なんでもかんでも人を疑えばいいわけじゃないけど、性善説を信じすぎるのもよくない。生きていれば犯罪まがいのことに出くわすこともある、という大前提でいなきゃダメなんです。実際、悪いやつが存在するわけだからね。

詐欺師というのは、驚くほど巧妙なの。「いまなら高い運用利率が得られますよ」「あなただけの特別なサービスです」とかって、こちらに都合のいいこと、魅力的な話を次々に持ち出しては気持ちよくさせるの。

特別扱いするフリで、お金を引き出そうとするんだよ。それも、頼みもしないのにわざわざ向こうから手土産まで持ってくる(笑)。

こういう**親切ぶったやつは、まず怪しいと思ったほうがいいんです。用心しなきゃいけない。**

また、脅し言葉で頭を真っ白にさせるのも詐欺師の常とう手段です。

たとえば、子どもの上司や弁護士みたいな立場のある人物を名乗りながら、「あなたの息子さんが仕事で重大なミスをしたので、いますぐに100万円が必要です」とかね。

子を守りたいという親心につけ込むわけだけど、こういう話にも絶対、乗っちゃいけません。

自分の息子に直接聞きもせず、慌ててお金を出しちゃダメなんです。

ほかにも、何年も彼氏ができなかったのに、急にパイロットだの医者だの出てきて求愛されたり。どう考えてもおかしいよな（笑）。やたらハイスペックで、高級ホテルに滞在しているとかさ。

騙されるほうも、最初はいぶかりながらも、いざ高級ホテルへ連れてこられると舞い上がり、甘い言葉をささやかれて「これはシンデレラストーリーだわ」って信じちゃうんだよね。

なにせ、ホテルの人まで騙されちゃうぐらいだから。詐欺師も筋金入りで、涼しい顔で宿泊費を踏み倒す。ホテルごとカモにされるの。

恋愛に不慣れな人がコロッとやられるのは、無理もない話なの。

だからこそ、都合がよすぎる話は最初から疑うぐらいじゃなきゃいけない。そうじゃないと、詐欺師には太刀打ちできません。

いいかい。**うまい話であればあるほど、相手の話を鵜呑みにしちゃダメだよ。**

自分を守るために、この話をよく覚えておいてください。

人の暗い波動に引きずられない聞き方

一人さんはいままで、大勢の相談に乗ってきました。なかには、あまりにも深刻な問題を抱えていて、どんな言葉をかけても心を軽くしてあげられない……と思うような人もいたんだよね。

それでも、自分の心まで沈むことはなかった。

一人さんってね、どんな悩みを打ち明けられようが、そのことで悪影響を受けたことがないんです。

私は、目の前の相手を、
この人はだんだんよくなる。

絶対に、明るい未来が待っている。

と信じているの。それも、「たぶん大丈夫」とかじゃない。確実にうまくいくと思っているし、「この人なら間違いない」って、とことん信じ切る。

初対面だろうが、テレビの向こうにいる人だろうが、手紙を送ってきた相手だろうが、そんなことは関係ありません。

一人さんは、全人類を信じているんです。

なぜ、会ったこともない人まで信じられるの？

それは、どんな人にも魂があるからだよ。

私たちの魂は、神様の分け御霊です。神様の命を受け取ったということは、自分自身だって神様なんです。

全知全能の神が、たまたま「その人」の姿になって存在しているだけ。

その気になればなんだってできるし、大事なことに気付けば、その学びで海が割れるみたく人生が拓（ひら）ける。

誰だって、神がかっているんだよね。

私にとって、人を信じるのは、神様を信じるのと同じ。ごく当たり前のことです。

それに、**悩みは神様がくれた「次の道を開くための試練」です。**

幸せになるための学び、豊かさのヒントをこの問題のどこかに隠したから、自分で考えてそれを探すんだよっていう、神様のメッセージなの。

だから一人さんは、人生でどんな問題を突きつけられたって、そのなかにある愛と光を探すことしかしません。

ほかの人の悩みに対しても、本人が学びに気付くための言葉をかけてあげようと思うだけで、悩みの原因だとか細かい部分にフォーカスすることがないんだよね。

大局を見る。ただそれだけで、その問題の良し悪しや、「正解」「不正解」の視点で考えることがないから、暗い波動に引きずられないんだろうね。


というか、そもそも一人さんの前にきた人は、みんな不思議と黙っちゃう（笑）。私の言葉を、じっと待ってるんだよね。

自慢でもなんでもなくて、一人さんの話は、聞かない人が本当にいないんです。誰としゃべってもみんな私の話を待つし、ひとしきり話し終えても、「もっと聞かせてください」と言われちゃうの。

一人さんの前では、なぜかみんな聞き上手になる。ひょっとしたら、私が「聞かせ上手」なのかもしれないけれど（笑）。

これもやっぱり、私の愛がそうさせるんだろうね。

なにをどう論じようが、最後は愛しかない。本当にそう思います。

欲しい情報をたやすく得る方法がある

自分の欲しい情報を、いとも簡単に手に入れる人がいます。とっておきの情報とか、役に立つ話とか、そういうのが人脈を通じてじゃんじゃん入ってくるケースって実際にあるんだよね。

実は一人さんもその1人なわけだけど、私の場合、生きている人間から情報がもらえるだけじゃなく、天のひらめきもいっぱい受け取っているの。

自分ではちょっと対処しようがないなぁってときには、仲間のなかでそれが得意な人がすぐさま「それはこういうことですよ」って教えてくれる。誰もわからないときは、必ず「私の親しい人がその道のプロなので、紹介します」っていう仲間がいて、どんな問題でも不思議と解決しちゃうの。

それから、新商品のアイデアとかはドライブ中にパッとひらめきます。

それも、とても自分が持っている知識じゃ出てきようもない具体的な処方が浮かんで、工場でその通りにつくってもらうと、「これだ！」っていうサプリメントや化粧品ができるの。

奇跡みたいにいい情報が集まって、いつもうまくいくんです。

それってどういうことですかって言うとね。愛を出していると、みんなに好かれるんだよ。だから困ったことが起きたり、人の協力が必要になったりしても、周りじゅうから力を貸してもらえる。

自分1人ではどうしようもないことが、仲間のおかげで百人力となり、どんな荒波にも負けない、勝ちっぱなしの人生になっちゃうんです。

それに愛を出していると、神様にも味方してもらえるんだよ。だって、神様は愛と光の存在だからね。

自分が愛と光を出せば、神の波動と共鳴して、雪崩のように奇跡が起きてくる。神様が「たくさん愛を出して素敵ですね」って、そのご褒美（ほうび）にたくさんの奇跡を送ってくれるんだ。

情報は、自分から「欲しい」「ください」と言って回っているうちは、逆になかなか手に入らなかったりします。相手からすると、クレクレの圧を感じて逃げたくなるんだよな（笑）。

クレクレ圧の強い人は、全然魅力的じゃないでしょ？　魅力のない人には、誰も情報はくれないし、近寄ってもこない。当たり前なの。

その反対に、ふだんから愛を出している人は魅力的です。

ふつうに人付き合いをしているだけでみんなに愛され、向こうのほうから「いい話があるんだけど」って持ってきてくれるようになる。

愛があるって、信頼と同じなの。だから「この人には貴重な情報を教えてあげたい」と思ってもらえるし、そのおかげで成功の階段を垂直にかけ上がっていく。

魅力ナンバーワンの人だけが得られるそんな世界を、あなたにも体験してもらいたいと思います。

第4章

話し上手のカギは「かもし出すムード」にあり！

「自由」でナンバーワン人生の幕が上がる

コミュニケーションにおいて、聞く力と同じように重要な役割を持つのが「会話力」です。本章からは、話し方の極意について、一人さん流の考え方を縦横無尽に語っていきたいと思います。

まず、話すうえでもっとも重要なのはなにか、ということなんですが。察しのいいみなさんですから、もうおわかりでしょう。

そう、「愛」です。

人間関係の基本は愛であり、もっと言うと、人の根幹そのものが愛。

聞く、話す。そのどちらにも大前提として愛がないと、なにをしてもうまくいきません。小手先のテクニックでは、円滑なコミュニケーションは図れないんだよね。

山の上で、大声で「あ」って叫ぶと、返ってくるこだまも「あ」です。「あ」と言っているのに、「い」が返ってくることはない。人とのかかわりもそれと同じで、あなたが愛を出せば、相手からも必ず愛が返ってきます。

愛を出しているのに毒が返ってきたんだとしたら、自分では愛を出しているつもりでも、それは間違った愛なんだろうね。自分をないがしろにして、人に気を使ってばかりいるとか。

あるいは、相手のほうに愛がなくて毒が返ってくることもあるけれど、その場合は、その人から離れなきゃいけません。

繰り返しになりますが、愛とは、自分にも、ほかの人にもやさしくあること。自分をゆるし、そのうえでほかの人のことも自然にゆるせる状態を指します。ここを間違えちゃいけないの。

自分を嫌いなままでは、愛の出しようがない。自分いじめをして魂が泣いているのに、魅力が光るわけがないんだよ。

だから一人さんはいつも言う。

「厳しさなんていらないよ。とことん自分を甘やかしな」

「好きなことを、好きなだけ楽しむんだよ」

「自由に生きて笑ってりゃ、なんだってうまくいく」

私の教えは、世間の多くの人が、「そんな生き方ができたら最高だけど、絶対無理だよね」と思い込んでいることばかりです。

人生、自分の思い通りにはいかないものだ。そんな教育やしつけを受けてきたんだもの、自由に生きられないと思うのは当然かもしれないね。

でも、人は本当に自由でいられないんだろうか？

好きなように生きると、貧しくなるのが当たり前なの？

一人さんは、声を大にして世の中に問いたい。

辛抱、我慢、根性、気合い、努力……そんな数々を真面目にやってきて、みんなはいま、心から笑っているかい？

あなたの周りにいる立派な人たちは、胸を張って「人生は楽しい！」と言える人ばかりかい？

疑問だらけなんじゃないかな。

だからこうして、底抜けに明るい私の本を読みにきてくれたんだと思います。


だったら、一度試してごらん。

オンリーワンである素晴らしいあなたが、いまここから、絶対的なナンバーワンの人生をつくりだすために、一人さんの生き方、考え方をなぞってみたらいい。

きっと、なにかが変わるよ。

一流の営業マンが財布を開いてもらえるわけ

初対面の相手とは、なにを話せばいいかわからず戸惑う人も多いと思います。

相手の性格や生活習慣、好き嫌いをほとんど知らないわけだから、慣れた友達と一緒にいるときのようにはいかないよね。話題探しに苦労することもある。

人見知り気質のかたは、とりわけ緊張しやすいだろう。

だけど、そこで「どうしよう、どうしよう」と焦っても、余計にハードルが高くなるだけ。ますます不安になって、うまく話せなくなっちゃうんです。


一流の営業マンは、得てして話し上手だと言われます。

たしかに、初対面のお客さんにもバンバン商品を買ってもらえるような人は、よほどの話し上手なんだろうなって思うよね。冷静かつ、「立て板に水」のトークでお客さんをつかめるなんて、しゃべりの達人に違いないって。

それはそうかもしれないけど、一人さんの考えはちょっと違うの。話し上手だから一流になれたというよりも、心がまえだと思います。

突き詰めると、やっぱり愛の問題なんだ。

営業をかけたとき、お客さんから「あなたから買いたい」と思われるのは、トークの内容とか言葉の選び方じゃない。

営業マンの心意気、かもし出すあったかいムード、そういうのに惹かれるんだよ。

財布を開いてもらえるのは愛の力です。

営業マン自身に魅力がなきゃ、絶対に商品を買ってもらえないと思うよ。


もちろん、商品やサービスが粗悪じゃどうしようもない。いいものを販売する、営業マンがその商品のよさを熟知していることは、当たり前なんです。

ただ、それがあるからって商品が売れるわけじゃない。まったく同じ商品を、同じぐらいの商品知識を持つ人が売っても、なぜか売り上げには差が出ちゃうの。

その差がなぜ生まれるかと言うと、売り手の愛の大きさなんだ。

愛の深さ、魅力の大きさが、営業成績に直結する。

だってさ、「この言い回しで売れる」というのがあるなら、ほかの人がそっくりそのまま真似たときに、同じだけ売れなきゃおかしいでしょ？

一流営業マンのトークを録音して、それを流せばお客さんが買ってくれるってことになる。

でも、そんなわけないよな（笑）。録音したものを流したって、そこには愛がない。人の温かみもないんだから。

愛のないところには誰も寄ってこないし、愛の足りない営業マンがいくら言葉巧みに説明しても、お客さんの心には響きません。

石油でも温泉でも、ないところを掘ったってどうしようもない。いくら立派な機械を持ってこようが、なにも出ない。それと同じなの。

誰とでも話が弾む楽しい人は、愛があるから相手の笑顔が引き出せるんだ。

それで冒頭の話に戻るわけだけど、**初対面の相手だからって、そんなに身構える必要はないんです。**

相手のことをなにひとつ知らなくても、愛を出せば困ることはありません。

愛があれば、口から出る言葉からムードから、なにからなにまで人を惹きつけるようになる。

どんな会話になろうが、相手に好印象を持ってもらえるものだよ。

総理大臣でも小学生でも同じ態度なんです

日本語には、敬語や謙譲語といった丁寧な言い回しが存在します。相手やシーンによって使い分けるのが、大人のたしなみとされるわけです。

でも、それってみんな正しくできているのかな？（笑）

一人さん的には、目上だから丁寧な言葉を使うとか、年下はタメ口でいいとか、臨機応変に表現を使い分けるのはすごく難しい。大変な労力を必要とします。

それに、出会ったばかりの相手は、自分の目上かどうかもわからない。いちいち「すみませんが、年齢を教えてください」なんて聞くのは面倒だし、聞かれるほうにしても、答えたくない人だっているでしょ？

ややこしすぎて、やってられないよ（笑）。

だから私は、昔から「誰に対しても楽しく、丁寧に」を通しています。相手がお客さんでも、お弟子さんだろうが友だちだろうが、使う言葉や態度はいつも同じ。相手によって自分を変えることもしません。

極論を言っちゃうと、もし**総理大臣と話をする機会があったとしても、近所の小学生と道端であいさつするのと同じスタンスで臨むだろうね。**相手が大国の大統領だろうが、温泉で出会った農家のおじさんだろうが、みんな一緒です。

それぐらい、私は誰に対しても全力の愛を出すし、失礼なこともしません。

総理大臣に近所の小学生と同じ態度をするんですかって思う人は、たぶん小学生を下に見ているんだろうね。

だけど、**人間としては総理大臣も近所の子どもも同じだよ。**

人は誰もが、等しく神の子です。この人のほうが上で、あの人は価値が低いとか、そんな差はいっさいありません。みんな、最高なの。

そう思っている一人さんだから、相手が誰でも丁寧に接するし、自分のなかではそれが当たり前なんだ。

そもそも、人によって使う言葉や態度を変えるなんて、頭が混乱する原因なの。大事な商談中に、突然、脳が勘違いしちゃった日には最悪だよ（笑）。取引先の偉い人にタメ口が出たり、うっかり失言しちゃったり。とんでもない冷や汗をかくことになるんです。

こういうミスを防ぐためにも、**最初から「誰が聞いても不快にならない言葉や態度」と決めちゃったほうがいい。**

世の中には、タメ口をきかれると、軽んじられた気がして不快感を覚える人や、馬鹿にされたように感じる人もいるの。

その点、丁寧な言葉づかいで不快になる人はいないと思います。

丁寧にしていれば、まず間違いない。

相手の立場とか、年齢、性別、国籍……そんなことに関係なく、全員に同じように愛で接する。

それがいちばん確実だし、なにより自分がラクなんだ。

「空気を読む」とはささやかな配慮をすること

よく、空気が読めるとか、読めないとかって言われるんだけど。

空気が読めないと、不用意な発言でその場を凍らせてしまったり、人の信用を失ったり、孤独を味わうことになります。

仕事で、上司や先輩から「空気を読んで対応しろ」なんて言われたことがあるかもしれないけど、そうじゃなきゃお客さんの信用を損ねちゃうからなんだよね。

ただ、空気を読むって難しい。どうやって読めばいいんだって話でしょ？（笑）

そんなあなたに、一人さん流の「空気の読み方」を伝授しますよ。

まず、**空気を読むとはどういうことか。**

これは、相手への気遣いができるかどうかです。

ようするに、愛がありますかって話なの。

たとえば、友だちが彼女を連れてきたとするじゃない?

そのときに、気遣いなしに「前の彼女のほうが美人だったなぁ」とか言っちゃダメなんです(笑)。

それが真実だとしても(笑)、絶対に口に出してはいけない。そのぐらい友だち本人だってわかっているはずだし、それでもいまの彼女と付き合いたい理由があるから、わざわざみんなに紹介してるわけでしょ?

空気を読むというのは、こういうときに「いい人に出会ったね」「素敵な彼女だね」と言ってあげられることなの。

ささやかな気遣いなんだよね。

この程度の配慮もできないようじゃ、愛がない。

また、しゃべっているときに、人の話はさらっと流して自分の話ばかりする人がいるんです。周りはみんな飽き飽きしているのに、それにまったく気付かない（笑）。

こういうのも、空気が読めない典型だね。

なぜそうなるかと言うと、自己重要感がすごく低い人なんだと思います。

ということは、自分のことを大切にできていない。いろんなところで自分に我慢を強いていて、自分否定ばかりしているのかもしれないね。

だから**周りに「肯定してもらいたい」「自分の存在価値を認めて欲しい」と求めてしまい、その心情が、独りよがりに自分の話ばかりしちゃうという行動に表れる**んだと思います。

最大の原因は、愛を忘れちゃってることなの。

もしこういうことに思い当たる場合は、話し方を直すとか、話の内容を工夫するのではなく、自分自身を可愛がらなきゃいけません。

好きなことをして、自由を楽しみな。

そうすれば自然に愛が出てくるし、話し上手にもなるからね。

一人少年が持っていたのはたった1つ、愛だけ

一人さんはなぜか、自分が「聞いてほしい」「話をさせて」なんて思わなくても、相手のほうが話を聞きたがります。ふつうに話すだけで、じっと聞いてくれる。

私が黙ると誰かが代わりにしゃべってくれるかというと、そんなこともなくて。次に口を開くのを、みんなひたすら黙って待ってるんだよ(笑)。

そしてありがたいことに、あちこちで出会った多くの人が私のファンになってくれ、いつの間にか、周りに大勢の人が集まっちゃった。

実は子どもの頃からそんな感じで、よその大人がわざわざ「一人君、今日も話を聞

かせてよ」とかって、うちまで訪ねてくるぐらいだったんです。思えば、ずいぶん変わった子どもだったな（笑）。

商売をはじめてからは、ますますたくさんのファンに囲まれるようになり、やがて講演会まで開くようになりました。

そのお知らせをすると、一瞬で渋谷公会堂が埋まっちゃうぐらいのお客さんが殺到するんです。

一人さんの話をナマで聞きたいからって、日本全国からはもちろん、海外からもはるばる駆けつけてくれる人がいたぐらいなの。

いくらでもチケット代を払いますから、なんとか席を用意してくださいって。

ふつうは、タダじゃなきゃ話を聞いてもらえないんだよ。というか、タダでも聞いてもらえないことすらある（笑）。

この違いはなんだろうって、私自身も不思議なんだけど。

一人さんが思うに、たぶん私には、みんなが好きになっちゃうムードがあるんだろうね。目に見えるものじゃないからハッキリ言語化できないけど、相手が話を聞きたくなるような雰囲気があるんだと思います。

そしてその正体は、「愛」なんだと。

なぜなら、**私には愛のほかにムードになりそうなものはない**から。

納税王になったことがムードのもとだとか、成功してお金持ちになればムードが出るとか、そういうふうに考える人もいるかもしれません。

だけどそれだと、一人少年があれだけの人気を集めていた理由が説明できないの。子どもだからお金なんて1円も稼いでいないし、当然、納税もしていません。しゃべる言葉だって、すごく幼かったはずだよ。

なのに、どういうわけか大人たちまで惹きつけるムードがあった。

そんな一人少年が持っていたのは、ただ1つ。愛なんです。これだけは、私は子どものときからいっぱい持っていたからね。

姿を現しただけで、一瞬でその場のムードを変えられる人っているんだよ。

瞬時に相手の心をつかみ、どんな荒くれ者でも黙らせ、「聞く体制」にさせちゃうぐらいのスゴい波動がある。

「そんなの、漫画や小説の世界だけでしょ？」って思われるかもしれないけど、本当にそういう人は実在します。

で、あなたもそういう人になりたいのなら、愛を育てるしかない。

愛で魂を磨き上げたら、誰でも神に近づくし、ナンバーワンの魅力がつくんだ。

電話やオンラインではちょっと明るく

今回のコロナ禍をきっかけに、会社員でも出社せずリモートワークをする人が増えました。

必然的に、電話やオンラインミーティングが増えたわけだけど、こうした「非対面」では、対面で話をしているときとは違って、うまくこちらの愛が伝わらないこともあります。

とくに電話の場合は顔の表情が見えないので、笑っているのかブスっとしているのかわかりにくい。

ちょっと声のトーンが低いだけで、相手に「機嫌が悪いのかな?」なんて不安を感じさせてしまうこともあるんじゃないかな。

一人さんは携帯電話すら持っていないので(笑)、ふだん誰かに電話することもないし、オンラインミーティングも経験がありません。必要があれば、ぜんぶ会社の人やお弟子さんたちがやってくれるから、私はそれでまったく困ってないんだよね。

ただ、世の中にリモートワークが普及したことで、この頃、それに関する質問が増えてきて……。

それでお弟子さんたちに聞いてみると、電話はもちろんだけど、オンラインミーティングでも、やっぱりいつもの表情とは違って見えるらしいんです。

パソコン越しではちょっと顔色が悪かったり、表情が硬かったりで、なんだか不機嫌そうに見えることがある。

対面ではなんとも思わないのに、オンラインの画面越しでは、いつも通りだと暗く見えるって言うか。

そんなわけで、うちのお弟子さんたちも、**オンラインのときはいつもより笑顔を意識しているそうです。**

みんな、ふだんから底抜けに明るい人たちなんだけど（笑）、そこをさらに口角上げていく。あと、リアクションもちょっと大きめにするぐらいがちょうどいい。

いっぽう、**電話のときは顔が見えないので、声のトーンを少し高くしたり、声に出して「うん、うん」って多めに相づちを入れたりするんだって。**

声のトーンを上げることで明るい雰囲気になるし、顔が見えなくても、「あなたと話せてうれしい」という気持ちが伝わりやすいよね。

電話のときに黙って頷くだけだと、相手にはそれが見えないから「聞こえてるのかな？」って心配になっちゃうでしょ？　やっぱり、声に出してリアクションしたほうが親切だよね。

とくにオフィスなどで仕事の電話をするときは、相手に「いい会社だな」「明るいスタッフがいるんだな」と思ってもらえるメリットもあります。

こういうのをテクニックだと認識している人もいるだろうけど、一人さんにしてみれば、やはりぜんぶ愛なの。

声のトーンを上げたりするのって、「相手の心を明るくしてあげたい」「安心して取引してもらいたい」という気配りの表れでしょ？

その証拠に、うちの人たちはみんな「無意識でやってますよ」って言う。つまり、愛があればこの程度のことはさらっとできちゃうものなんだ。

それにしても……一人さんがいちいちお願いなんかしなくても、うちの人たちはみんな、細かいところまで気を配ってくれているんだなぁ。

この本を書かせてもらえたおかげで、改めて、仲間たちに感謝の思いが強くなりました。ありがたいね。

縁した相手には自分と同じように知恵を出す

人の相談に乗るとき、一人さんはいつも、親身に答えることしかしません。

愛を出しながら、「相手が求めていることはなんだろう?」って、それを考えながら伝えるべき言葉を選びます。

同じ質問をされても、相手によっては真逆の答えを出したほうがいい場合もあるんだよね。

その人の生きてきた過去とか、いまの状況や気持ち、性格、好み……そんないろんなことを加味すると、「仕事がうまくいかないんです」という悩みでも、

「がんばらなくていいよ」

「どんどん挑戦しな」

みたいな感じで、正反対のアドバイスになる。

それを、十把一からげに「がんばって!」とか言っちゃうのは、愛がないの。相手の心に寄り添っていない。

例を挙げたからついでに言うけど、**「がんばらなくていいよ」というのは、日ごろからがんばりすぎてる人にかける言葉なんです。**

行動もしないで文句ばかり言う人には、さすがに「がんばってみたらどうだい?」と言いますよ(笑)。

目の前の人に集中し、相手をよく見ながら相談に乗っていると、適当なアドバイスなんて出てこないの。

愛の目で向き合っていれば、自然に「その人の欲しがっている言葉」がすらすら口から出てくるんだよね。不思議なんだけど。

相手のなかにいる神様とか、相手の未来を信じているから愛が出せる。

先にそんな話をしたけど、実はもう1つ、一人さんは「目の前にいるのは、俺の魂を成長させるために神様が出してくれた人」という感覚を持っているんです。

ことわざに、「袖振り合うも多生(たしょう)の縁」というのがあるでしょ？　私は、目の前の相手に深いご縁を感じるから、適当なことは言えないの。

最高のアドバイスをするぞって、本気でその人の問題に挑むし、自分の悩みを解決するときと同じ熱量で、縁した相手に知恵を出します。

そうすると相手の魂も喜ぶけど、一人さんの魂はもっと成長するんだ。

考えるのは相手の肩の荷を軽くすることだけ

悩み相談と言えば、「遠慮なしにあなたの意見を聞かせて」とかって、お願いされることもあると思います。正直に指摘してほしいって。

ただ、その言葉を鵜呑みにして、思っていることをハッキリ言いすぎるのは、少々リスクが高いだろう。

相手によっては、こちらの言葉を必要以上に重く受け止めることがあります。ストレートに言っちゃうと、相手を傷つけることにもなりかねないの。

かと思えば、ズバッと言っても馬耳東風（ばじとうふう）で伝わらない人もいる(笑)。

いつもは、なにを言ってもへこたれないのに、状況や心情によって、心がえぐられるってこともあるよね。

人の受け止め方は、いろんな要素が複雑に絡み合っています。それを推測し、一瞬で判断するのは至難の業（わざ）なの。いくら経験を積んでも、完璧にはできないだろうね。

だから一人さんは、昔からこう言うんです。

ハッキリ言ってほしいと頼まれたときは、もし相手に直したほうがいいところがあったとしても、「相手のいい面」「喜ぶこと」を言ってあげたらいいですよって。

誰だって、否定的なことを言われたら嫌な気持ちになります。

いくら自虐的に「私ってドジだから」なんて言っていても、自分以外の人に「あなたドジですね」なんて言われるとモヤモヤする。当たり前だよね。

みんな、褒められたいんだよ。

自分の悪いところ、直すべきところを教えてほしいと口では言いながら、本当にズバリ言われるとショックなの。あなただって、そうじゃないかな?

だから、誰に対してもやさしい気持ちで、最初から「あなたに直すところなんかないよ」「俺は、そのままのあなたが好きだけどなぁ」って言ってあげたらいいんだよ。

そんな言葉が返ってきたら、相手はうれしいに決まっています。笑顔になる。

笑えば波動が上がるから、あとはその波動がうまいこと問題を解決してくれるんだ。


人に相談を受けたときは、相手の肩の荷を軽くすることだけを考えたらいい。どんな相談を受けようが、それしかない。


愛が基本なの。

それを世間では、常識的な答えを返しちゃうんです。「正論」という名の「偽物の愛」

で畳みかける。

そんなことをして、相手の肩の荷が下りるわけがないよな。むしろ、ますます肩に荷を乗せるようなものだと思います。

〝偽物の愛〟で人を苦しめるぐらいだったら、はじめからアドバイスなんかしないで、聞くだけにしてもらいたいって思うよ。

第5章

伝えるのは言葉じゃない、「魅力」なんだ

波動の力は強大。因果は自分で回収するしかない

世の中には、人をバカにする嫌なやつがいるよね。

たとえば、会話で自分の知らない話が出て「それはどういうこと？」と聞いたら、「そんなことも知らないの？」って鼻で笑うとか。

一人さんはこういうのが大嫌いなので、もし目の前に出てきたら、間髪置かずやり返します。「人をバカにするんじゃないよ！」って。

嫌なやつに遠慮なんかいらないし、人を下に見るなんて絶対にゆるせないんだ。

勉強は、人をバカにするためにするものじゃありません。

学んだことで自分や人が幸せになり、世の中の役にも立てる。だから勉強するわけでしょ？

それを偉そうにするなんて、とんでもない思い上がりだよな。あんた、人をバカに

するために勉強したのかって言いたい。

いくら勉強ができたって、こういう人は誰からも信頼されないし、いまはよくても必ず転落のときがくる。

波動の力は強固で、確実なものだからね。**嫌な波動を出しながら、嫌な現実から逃げ切ることはできません。**

因果は、自分で回収するしかないんだ。


そのいっぽうで、「いい人なのに、悪いことが連続する」という人もいるの。ただ、波動の悪い作用は、いい人か悪い人間かでは区別されません。

じゃあ、いったいどういうわけで、いい人が不幸になるんですかって言うと、使う言葉が悪いんだよ。

言葉には、言霊というパワーがあると言いました。言葉は、それをまた言いたくなるような出来事を起こす、不思議な力を持っています。

だから、**もしあなたが繰り返し「私の人生、ろくでもない」とか言ってるんだとし**

たら、これは危険だよ。自ら、いま以上に悲惨な人生をつくりだしているのに等しい。

それと、これは人をバカにする嫌なやつの話に通じるんだけど。

人に嫌味を言ったり、陰で悪口を言ったりするのは、外側に向けた言葉だから自分には関係ない。そう思っている人もいるんだけど、残念ながらそれは違います。

いくら他人に向けた言葉であろうと、言霊はそっくりそのまま自分の身に返ってきます。だって、自分がしゃべる言葉をいちばん聞いているのは、ほかでもない自分だからね。波動の影響は、聞くだけで受けるものだよ。

ということを知っていると、地獄言葉なんか使えるはずがない。怖くて。

反対に、いくらでも使いたいのが「天国言葉」(聞いた人の気分がよくなる言葉)です。

明るい言葉は、使えば使うほど明るいエネルギーがもらえる。波動を爆上げしてくれるから、笑っちゃうぐらい、次から次にいいことが起きるんだよね。

嫌なことがあっても、「大丈夫」「うまくいく」とかって言い続けていると、クヨクヨしていた心が本当に晴れてくるし、どんな問題もスッキリ解決する。

感謝の言葉をたくさん口にする人には、また感謝したくなるようなことが起きる。

天国言葉を周りの人にも言えば、相手もいい波動になるし、今度はその人があなたに天国波動を返してくれます。愛のキャッチボールなの。

愛が愛を呼び、あなたの周りに愛のある人がいっぱい集まってくれば、幸せの倍々ゲームみたく人生が豊かになるよ。

会話の糸口は流行りすたりのない王道がいちばん

明治の時代に、松下幸之助（パナソニックの創業者）が丁稚奉公（でっちぼうこう）をはじめたとき、そのお店で最初に教わったのが会話のコツだったそうです。人に会ったとき、単にあいさつをして終わるのではなく、ちょこっと天気の話を入れるといいよって。

相手が誰であっても、天気について話せば間違いない。「いい天気ですね」「涼しくなりましたね」「(雨が）よく降りますね」と、その日の天気を言い添えるわけです。

天気の話なんて、ありきたりすぎるって思うかい？

だけどね、**天気は誰にとっても身近で関心度が高いし、この話が通じない相手はいません。流行りすたりもないから、時代に関係なく便利に使えるんだよね。**

それに、天気は日ごとに変わります。「今日は寒いですね」「昨日はあんなに晴れていたのに」「明日はどうも、雪が降るらしいですよ」とかって、過去や未来の天気も持ち出せる。移りゆく季節だって、話のタネになります。

天気の話をすると都合が悪いとか、不快になる人、傷つく人なんかもいません。万人に通じる楽しい話題でありながら、いろいろ応用もきくというのは、天気ぐらいなものなんだよね。

会話の糸口としては、まさに王道で、基本だと思います。

天気の話をすると、自然と場が和みます。ムードがよくなれば、次に持ち出す話だって盛り上がるだろうし、楽しいひと時になるよね。

一人さんはよく、「人を褒めるといいですよ」って言うの。ただ、出会い頭にいきなり褒めるのも不自然だし、会ってすぐに褒めポイントが見つかるとも限りません。

そんなとき、**先にちょっと天気の話でもすれば、そのあいだに相手のことも観察できる**じゃない？

で、場が和(なご)んだところで「それはそうと、素敵なバッグをお持ちですね」「今日はいちだんと華やかですね」なんて切り出せば自然です。感じもいいでしょ？

それと、これはちょっと話が変わるんだけど。

会話に詰まったとき、なにを話せばいいかわからないって言う人がいるんです。

でもね、別に無理に話題を探す必要はない。お互いに愛があれば、沈黙の時間だってあったかいムードになるんじゃないかな、と一人さんは思うよ。

愛し合う恋人同士は、黙っていても幸せいっぱいでしょ？

会話に詰まると、焦るあまり、誰かのよくないうわさ話を持ち出す人もいるのですが、私は、そういうのはやめたほうがいいと思います。**悪い話をすれば、あなた自身が地獄波動になるだけだからね。**

芸能人や有名人のスキャンダルなんかも、そういうのが好きな人は話したくてしょうがないかもしれないけど、少なくとも一人さんの周りでは話題に上がらないよ。テレビのなかの人だって、自分と同じ人間なの。「あの人、素敵だね」とかならどんどん言えばいいけど、悪口みたいなのはやっぱり言うべきじゃない。

というか、私たちはみんな遊びに忙しくて、そもそも芸能ニュースやなんかを見る暇がないんです（笑）。毎日楽しく生きているし、有名人のスキャンダルに頼らなくても、ほかに面白い話題がいっぱいあるからね。

早口も口下手もぜんぶ魅力に変える魔法

成功者といえば、会話力が高そうなイメージがあるかもしれません。

たしかに、自分の考えを的確に表現できたり、ものごとの説明がうまかったり、話術に長けた成功者もたくさんいます。

ただ、そうでないと成功できないわけじゃない。

実際に一人さんが見てきたなかでも、**口下手ながらも大成功している人はいるし、どんなに話がうまくても成功しない人はしないいんだよ。**


何度も言っているけど、愛を出している人が幸せな成功者になるのであって、いくら饒舌でも、愛がなきゃどうしようもない。

愛という魅力が感じられない人は周りから避けられるものだから、一時的に成功したように見えても、それを継続することは難しいだろう。

成功し続けるための条件は、愛と光。

いつも笑顔で、自分にも人にも親切に、さりげない気遣いができること。

こういう人がうまくいくし、それしかない。


相手に自分をよく見せようとしたり、語彙力（多くの言葉を使いこなす能力）を上げようとしたり、知識を増やそうとしたり……。そんなことは、みんなが思うほど重要ではありません。

語彙力があっても、話を聞いてくれる人がいなきゃ役に立たないし、せっかく身につけた知識にしたって宝の持ち腐れになります。

人との対話の肝は、愛なんだよ。

愛のある魅力的な人は、ありきたりな言葉を使うだけでも特別感がにじみ出るし、たとえ知識が足りなくても、周りがなんでも教えてくれます。困ることがない。

人前で緊張してうまく話せなくなる、口下手で話すのが苦手、しゃべるのが遅い、早口……人それぞれ、大なり小なり悩みはあるだろう。

でもね、愛があればぜんぶなんとかなる。

緊張してしどろもどろになっても、愛のある人が一生懸命話していれば、周りはやさしい目で見守ってくれます。緊張のせいで人に嫌われるとか、仕事がうまくいかないとか、そんなことはない。心配ありません。

口下手も早口もぜんぶ、本来、あなたの素晴らしい個性です。いまはまだ、ダイヤモンドの原石と同じで磨きが足りないだけなの。

凸凹(でこぼこ)で不格好な、短所にしか見えないその個性は、愛で研磨すればつるっと滑らかになる。それをさらに磨き上げたら、オンリーワンの輝きが出てくる。

唯一無二の、かつ、ナンバーワンの個性として光るんだ。

「あなたってすごくやさしいのに、たまにすごい早口になるのが楽しい人ですね」

「語り口がゆっくりで、癒(い)やされます」

「緊張してるときのあなた、親しみがあって大好き」

そんなふうに、いままで毛嫌いしてきた短所が高い評価を受けるようになってさ。

愛は、どんな欠点だって魅力に変える魔法です。

人見知りの人は、人見知りなりに自分らしい愛を出せばいい。それしかできないと思うし、それでじゅうぶんなんだ。

それに、**「このままの自分でいい」と思いながら個性を大事にしていると、だんだん場慣れしてきて、思いのほか緊張しなくなったりする**ものだよ。人は練習すればするほど成長するから、なんでも繰り返しやっているうちにうまくなる。

そういう意味でも、欠点は無理に直そうとしなくていいんだ。

楽しい会話は「楽しんでいる人」から生まれる

楽しい会話ってね、楽しい人がするから楽しくなるんです。

ブスっとした人が「この話、すごく面白いでしょ？」なんて言ったって、悪いけど全然楽しくない（笑）。ふて腐れた波動を出しながら、話術だけ鍛えても人の反応はついてこないんだよ。

その反対に、ふつうの人が言うと寒い冗談にしかならないことでも、魅力的な女優さんが言えば、「こんなことを言うなんて最高に可愛い！」となる。同じことを言っても、周りの反応は雲泥の差なんです。

そのことに気付けないでいるから、
「自分の頭が悪いせいで、どうやってもうまくいかない」
「周りが聞き下手で嫌になる」
みたいな思考になっちゃうんだよな。**テクニックの勉強をすればするほど、その成果が出ないことにいら立ち、ドツボにはまっちゃうの。**

こういう落とし穴から抜け出すには、自分に人生を楽しませてあげることだよ。愛を思い出さなきゃいけない。

人生を楽しもうとすらしないまま、不足感とか不満をテクニックでごまかそうとしても無意味なの。聞き手もバカじゃないからね、小手先のテクニックに騙される人はいません。

波動は絶対にごまかせないんだ。

一人さんは、自分の口からつまらない話が飛び出すことがすごく嫌なんです。自分の話をいちばん聞いているのは自分だから、**面白くもない話をするのは、自分いじめをしているような気がするの。**

だから私は、毎日楽しく生きる。

そして、そのために大事にしているのが趣味なんです。

趣味を持つと、人生の厚みがグンと増します。人間関係もそうだし、世界も広がる。

私の場合はそれがドライブ旅行なんだけど、自分の好きなことだったらなんでもかまいません。将棋でも麻雀でも、お酒を飲みに行くのだって立派な趣味だからね。

また、環境がゆるす場合は、ペットを飼うのもおススメです。

動物はちょっとお世話をするだけで懐（なつ）いてくれるし、しっぽを振って喜んだり、甘えてすり寄ってきたり、本当に可愛いよ。

つらいときは癒やしてくれるし、一般的なペットは人間より寿命が短いから、生死を通していろんなことを教えてくれる。

単なる動物じゃない。愛も魅力もいっぱい兼ね備えた、人生の相棒にだってなり得る存在なの。

そばにいてくれるだけで、私たちの愛も大きくなるんだ。

大谷翔平選手は、なぜこんなに好かれるのか

最近のスーパースターと言えば、メジャーリーガーの大谷翔平選手だと思います。日本ではもちろん、世界中のファンが大熱狂する人気ぶりに、同じ日本人としてこんなに誇らしいことはありません。

一人さんは常々、「最近の若い人たちは素晴らしい」って言っていますが、大谷選手はまさにその代表格だろうね。

一人さんはそれほど野球好きなわけじゃないので、大谷選手の野球選手としての評価はよくわかりません。でも、テレビニュースで彼が話しているのを見ると、すごい魅力だなぁって、うなっちゃうの。オーラがすごい。

実際、大谷選手がちょっと口を開くだけで、多くの人が「ひと言も聞き漏らさないぞ」って耳を澄ませるでしょ？　みんなが、彼の話を聞きたがる。

周りが黙って聞く。真剣に聞く。

という意味では、**大谷選手は大変な話し上手**なんだよね。

では、具体的にどのあたりが話し上手かと言うと、率直に自分の思いを語っているだけで、言葉としては特別な感じは受けません。なのに、どうにも惹きつけられて目が離せない。

これがまさに、魅力のなせる業なんだよ。

話し方や、使う言葉じゃない。

大谷選手には、超ド級の魅力があるんだよ。ほかの人にはとうてい出せない、とんでもないオーラがある。

そして、その輝きのもとになっているのは、愛です。

もちろん、野球の技術力だって桁外れだろう。けどね、それだけではここまでの魅力は出ないと思います。

なんてことないひと言でも、とんでもない愛を持つ大谷選手だから金言になるのであって、ほかの人が一字一句同じことをしゃべったって、そうはならないだろう。

なにをどう話すかということより、誰の口から語られるか。ここが重要なの。話術を習得するのもいいけれど、最終的に、魅力に勝るものはありません。

だいたい、大谷選手はどの映像を見ても笑顔でしょ？　機嫌の悪い顔を見たことがない。

それはたぶん、裏でも同じだろうね。**テレビに映るときだけニコニコして、裏でブスっとしているようじゃ、魅力のオーラは出ない**だろうからね。

聞くところによると、大谷選手はチームメイトからも愛され、慕われ、すごい人気なんだそうです。彼の波動からして、それも納得なの。

魅力があれば、どんな言葉を口にしても、本来の意味以上に重みだって出てくる。

言葉には、魂力が表れるんだ。

それから、これは蛇足かもわかんないけど。

「私は容姿がイマイチなので、会話力を磨き上げて異性にモテまくりたい」と言う人がいるの。

一人さんは、こういう人に言いたい。いますぐに、その考えをやめなって。

モテないのは、見た目のせいじゃないんです。あなたと同じぐらいの容姿でも、まったく恋人に困ってない人はいるよ。

人が魅力を感じるのは、愛のある人なんです。

世の中には、もともと美形を好まないタイプだっているのに、そういう人にすら見向きもされないのは、やっぱり顔の問題じゃない。中身に理由があるんだよな。

駆け引きなんかもいりません。私が思うに、それは愛のないモテない人がやることで(笑)、本当にモテる人はそんなこと考えたこともないんじゃないかな。

「お説教」「自慢話」「武勇伝」が嫌われない!?

前にね、はなゑちゃん（弟子の舛岡はなゑさん）がテレビを見ていたら、タレントの高田純次さんがこんな話をしてたんだって。

「年を取ってやっちゃいけないことは、説教と昔話と自慢話。だから俺はこの3つをなくして、エロ話しかできない（笑）」

一人さんは下ネタは言いませんが（笑）、高田さんの言うことはすごく興味深いね。

お酒の席やなんかでもさ、酔っぱらったおじさんが若い人にお説教をしたり、昔の武勇伝を自慢したりするのを見かけることがあるけど、たしかにそればかりやってると相手に嫌われる。

ところが、年を取るほど、ついやっちゃう人がいるんだよね。

じゃあ、そういうのはいっさいダメなんですかって言うと、一人さん的には「言い方」の問題だと思うんです。**お説教、昔話、自慢話そのものが悪いわけじゃない。**

嫌われるってことは、ようするに愛がないんだよ。

たとえば、もし一人さんがこういう類の話をしたとしても、たぶん嫌われることはないと思います。むしろ、「参考になるから、もっと聞かせてください」とかって言われちゃうだろうね。

一人さんの子どものときの話なんて、武勇伝めいたこともいっぱいあるけど、みんなが大喜びで聞きたがるんだよ。

私のお弟子さんにしてもさ、たとえばタツヤ（弟子の鈴木達矢さん）なんて、その昔、温泉宿で間違えて女風呂に入っちゃったことがあるんだって（笑）。それで大騒動になったとか、面白い武勇伝がいっぱいある。

この話を聞いて嫌な気分になってる人は見たことがないし、タツヤの講演会でも、武勇伝がいちばん人気なんだよ。

それからうちのお弟子さんたちって、ちょっと自慢したいなぁってときは、あえて「これ、思いっきり自慢なんだけど」って切り出す（笑）。

自慢話なのに、自慢してないふうを装うから嫌われちゃうのであって、堂々と「自慢です」と言えば、その潔さで好感度が上がるんだろうね。嫌われるどころか、相手が自分ごとのように喜んでくれるの。

一人さんも、好きな相手だったらバンバン自慢話を聞きたい。遠慮なく話してほしいし、もし相手の自慢が止まらなくなっちゃっても、「もういい？（笑）」とかってストップかけるだけ。

こういう間柄だとお互い気楽でいいし、それが本当の友だちなんじゃないかな。

一人さんはなにを話すにしても愛を出します。これを話したらみんなが楽しくなるだろうとか、相手がトクする話だから教えてあげようとか。

いつも人の気持ちや立場に配慮しながら話すから、たとえ自慢話であっても、相手には自慢されたように聞こえない。お説教だって嫌がられないし、昔の武勇伝もめちゃくちゃ面白くなる。

けっきょく、嫌われるのって話す人に魅力がないからだよな。

あと、お説教については とくに、昔からよく「一人さんは、どんなふうに人を叱りますか？」って聞かれるの。

ひと言でお伝えすれば、私は基本的にお説教はしません。

ただ、**見ていて「これはひと言、教えてあげたほうがいいな」と思ったときは、ごく短い言葉で「それ、やめとけな〜」ぐらいの声はかけます。**それも、やさしくね。

だから相手は、ちっとも叱られた感じがしない。

なのに、その効果は抜群なんです。たったひと言、やんわり伝えるだけで、言われた人は「わかりました！」ってすぐ改善してくれるの。不思議でしょ？

嫌な上司ってさ、だらだらネチネチ、いつまでも部下を追い詰めるような言い方をするよな。あれ、本人は本当に効果があると思ってやってるのかね？（笑）

そんなことしたって、部下から嫌われるだけなのに。感情的に叱ると、部下のやる気を削いじゃうの。肝心の改善点がほとんど伝わらなかったり、反発心を生んだりする。

そのことに気付かなきゃいけないし、上司のほうが、まず自分に魅力をつけることを考えたほうがいいよな。魅力たっぷりの上司なら、短い言葉だけで部下はすべてを悟り、すぐに行動を改めてくれるはずだよ。

ウケも狙ってないのに、なぜかみんな大爆笑

一人さんの座右の銘は「ふとどき不埒」で、真面目や立派は禁止（笑）。私の頭のなかは、いつも自分に都合のいい妄想でいっぱいだし、自由気ままに、ふわっと軽い人生を楽しんでいます。

時々、自分では頭で考えているだけのつもりが、なにかの拍子に口から出ちゃうことがあるんです。そうすると、周りの人たちが「一人さんはジョークの切れ味がスゴ

い！」って大爆笑するの。

私はウケ狙いで言ったわけじゃないのに、お弟子さんたちから「冗談のつくり方を教えてほしい」「どういうタイミングで言えばウケますか？」とかってお願いされちゃうわけ（笑）。


ジョークを楽しんでもらったり、みんなが笑顔になったりするのは、もちろんうれしい。だから私に言えることがあれば、なんでも教えたいよ。

でも一人さんの場合、ウケを狙って考えた冗談でもなければ、努力でひねり出したわけでもない。ジョークのつくり方はおろか、言うべきタイミングを計算したこともないんです。

頭のなかに浮かんだことが、不意にポロっとこぼれ出た。それだけなの。

それをみんなが笑ってくれるということは、きっと、そもそも私の頭のなかが楽しいんだろうね（笑）。

一人さんがいつも楽しく生きていて、やることなすこと面白い。頭のなかまで笑いでいっぱいだから、口をついて出る言葉も面白い。
だから、わざわざ自分で意図しなくても、勝手に楽しい会話になっちゃうんだと思います。私自身は、冗談を言ってる感覚すらないんだ。

一般的に、冗談というのは、口に出していい場所とダメなときがあると思います。**料理で言うところの調味料みたいなもので、うまく使いこなせばプロ級においしくなるけれど、「ここでこれを入れるのはおかしい」「これ以上入れたら失敗する」っていう難しさもある。**

ウケ狙いでジョークを言おうとすると、こういう微妙なさじ加減にすごく神経を使わなきゃいけないんです。話す内容やタイミングを間違うと、せっかく考えたネタがスベっちゃうし、悪くすると相手を不快にさせることもあるよね。

その点、愛があればこういうミスはしません。

どんな話も、それをするのにベストタイミングで口から出るし、面白みも増す。なんの苦労もなく、人を笑わせることができるんだ。

ひと時だけでも真面目の鎧を脱いでもらいたい

嘘も方便(ほうべん)、という言葉があります。嘘をつくのはよくないことだけど、場合によっては、嘘をついたほうがいいこともあるんだよね。

この世界は、なんでもかんでも本当のことを言えばいいってわけじゃない。真実を知ることで傷つく人がいる場合は、嘘をついたほうが相手のためになることもある。

愛のある、人を傷つけないための嘘は、決して悪いものじゃないんです。

たとえば自分が浮気したときに、奥さんに「浮気なんてしてない」って言うとか(笑)。

浮気しても「まぁ、そういうこともあるよね」なんて理解ある奥さんならいざ知らず、浮気は絶対ダメっていう奥さんがいるのに浮気しちゃったんだとしたら、これは嘘をつくほうがお互いのためかもわかんない。

ごまかしてもたいていはバレるけど、最初から真実を明かすのも、自ら修羅場をつくるだけだからね（笑）。

いや、こんな話ばかりでごめんね。嘘と言えば、一人さんは浮気のことしか頭に浮かばなくて（笑）。

私は、女性関係については99％が隠しごとだけど（笑）、それ以外に嘘をつかなきゃいけない場面がないんです。

でね、こういう話をすると、真面目一辺倒な人って「愛する奥さんを泣かすんですか？」とか、「嘘をついてまで浮気するなんてどうなの？」とかって目くじらを立てるんだけど……。

一人さんは、浮気を推奨しているわけじゃないの。みんなの心を明るくするために、それこそ冗談で言ってるだけなんです。

真面目もいいけど、あんまり真面目すぎると苦しくなっちゃうの。

人生には、軽い話で笑ったり、常識に縛られない妄想を楽しんだりする時間も大事だよ。それがなきゃ、堅苦しいだけの人生になっちゃうじゃない。

そんなんで、魅力が出るわけがないよね。

私は、みんなにもっと軽やかに生きてもらいたくて、あえてこういう話をしているの。真面目すぎて苦しんでいる、誰かの風穴になればいいなっていう、一人さんなりの愛なんです。

私の本を読むひと時だけでも、真面目の鎧(よろい)を脱いでもらいたい。そして、ちょっとでも心を軽くしてほしい。

そんな私の愛を、楽しく受け取ってもらえたらうれしいです。

第6章

運気は「愛の会話力」で爆上がりするよ

「折り目通りに戻ろうとする紙」みたいなもの

自分の人生を振り返ってみたんだけど、一人さんって、人に悩み相談をしたことがないんです。ひょっとしたら1回ぐらいはあるのかもしれないけれど、そういう記憶が見当たらない（笑）。

そもそもの話、私は悩むことがないからね。

といっても、一人さんの人生がまったくの無風だったわけじゃないんです。

子どもの頃から体が弱かった私は、嫌になるぐらい大病を繰り返してきましたし、従業員5人の小さな会社で納税日本一になってからは、いわれのない批判を浴びたことだってあります。

私だって、聖人君子じゃない。なにかあれば、つらい、悲しい、悔しい……そんな感情だって出てくるよ。人間的な感情は、みんなと同じようにある。

いや、もしかしたら私は、みんな以上に喜怒哀楽の激しいタイプかもしれない。

ただ一人さんの場合、たとえ暗い感情が出てきても一瞬で終わっちゃうの。

ふつうの人ならズルズル苦悩を引きずるところ、私は瞬時に気持ちを切り替えられる。悩みに発展する前に、「まぁいいか」「こんなときもある」って片付くんだよね。

なにかあっても、それこそ1分もしないうちにカラっと笑うものだから、周りのほうが「いま、この状況で笑えるってどういうこと⁉」なんてあっけにとられちゃう（笑）。

やせ我慢とかじゃないの。

一人さんは毎日、自分を楽しませることだけに意識を集めているから、「楽しい自分」でいることが当たり前の状態なんです。


紙にビシッと折り目をつけると、広げても紙は折り目通りに戻ろうとするじゃない？　それと似ていて、一人さんにとっての折り目は「明るい」「楽しい」だから、困ったことが起きて道がそれかけても、すぐにまた「明るい」「楽しい」に戻っちゃうの。

悪い出来事に引きずられることがないんです。

信じられないと思うかもしれないけど、斎藤一人って本当にそういう人間なの。


それぐらい明るい人間だから、私は、自分の気持ちをストレートに出すだけで、いつも自分の「思い以上」のものが相手に伝わるんです。

ありがとうって感謝の気持ちを伝えると、相手の顔がほっこり、愛に満ちた幸せそうな表情になるし、悪かったねと謝罪すれば、笑ってゆるしてもらえる。

あなたはやさしい人だね、いつも笑顔で素敵だよ、みたいな褒め言葉なんかも、私の想像をはるかに超えて喜ばれます。このひと言に、感極まって泣き出しちゃう人までいるぐらいなの。


きっと相手は、言葉の表面的なものじゃなく、その奥深くに込められた「愛」を受け取っているんだろうね。だから、言葉が心に染みるのだと思います。

愛があれば、ただストレートに言うだけで相手の胸に響く。

その意味では、「どう言葉にすれば思いが伝わりやすいかな」なんて考えることもないわけだから、こんなにラクなことはないよね。

自分から出た答えが自分にとっての正解

お伝えしているように、私は「相談する立場」を経験したことがありません。

ただ、どういうわけか相談を受けることは人の何倍もあった。そしてその質問に全力でお答えしてきたし、うれしいことに、大勢から「一人さんのおかげで悩みが解決しました」と言ってもらっています。

その意味では、**私は「誰に悩みを相談するのがベストか」ということを、たぶんふつうの人より知っている**と思います。

この「誰に」というのは、一人さんではありません。そして、あなたの周りにいる家族や友達といった、大切な人でもない。

悩んだときは、自分自身に相談するのがいちばんなんです。

もちろん、誰かに相談するのがいけないわけじゃないよ。

自分とは違う視点でアドバイスがもらえるのはすごく有益で、人の意見は大いに参考になります。相談できる人がいるんだったら、どんどん知恵を借りたらいい。

だけど、人に聞いただけでは、なかなかうまくいかないんだよ。必ず、「自分で考える」ことがセットじゃなきゃいけない。ここが大事なんです。

誤解を恐れずに言えば、**悩みを人に相談しても、いい答えが出ないことも往々にしてあります。なぜなら、自分の悩みを自分以上に考えてくれる人はいないから。**

あなたのことは、あなたがいちばん真剣に考えるし、あなた以上にあなたの立場を理解できる人もいません。

自分の心に寄り添い続けられるのも、自分だけです。

誰にとっても、「自分」が自分のいちばんの理解者であり、これ以上の味方はいないんだよ。わかるかい？

自分の性格や思考の傾向、好きなこと、苦手なもの……そのすべてを、自分は知っています。正確に言えば、自分のことでもぜんぶはわからないだろうけど、少なくとも、他人よりはるかに多くのことを知っているよね？

そのすべてを踏まえ、自分のために考えてくれるのはこの世にたった1人。あなた自身です。ほかの人には、絶対に同じようにはできません。

どんな問題も自分で考えるのがいちばんだし、自分から出た答えが、自分にとっての正解である。それ以上の答えは、他人からは出てこないよ。

一人さんの教えにしても、それさえあればあなたの悩みが解決する、なんてことはありません。

あくまでも「私だったらこうする」という参考意見でしかないわけだから、一人さん流を自分に合う形で応用したり、一部分だけを取り入れたり、そういう工夫をしてもらわなきゃいけないんです。

あなたの「考える力」なしに、あなたの人生を変えることはできないよ。

体験することのすべてが成功なんだ

自分の失敗談を、笑って話せる人は強い。

そんなふうに言われることがあります。たしかに、自分の失敗を笑いながら話せる人は、親しみが湧くよね。

ただ、一人さんの人生には失敗というものがないんです。

もちろん、うまくいかないときもある。でも私は、それを失敗だと思わないの。

思うような結果につながらないと、「このやり方ではダメなんだな」とわかるでしょ？

失敗は「じゃあ、今度はこうしてみよう」って、成功に向かって前進するための、

次の一歩をもらえるきっかけなんだよね。

うまくいかないことも、成功に続く大きな学びがある。

私は、失敗という名の成功体験を積み重ねた結果、目的地である山頂（成功）にたどり着くものだと思っているから、自分が体験することのすべてが成功なの。

そもそも、一人さんは１００％楽しい人間だから、失敗したってそれも楽しい。成功すれば、もちろん楽しい。どっちでも楽しくて、人生に後悔なんてありません。

第一、生きていればいろいろあるのがこの世界です。そのなかで**失敗したことばかり覚えていても、自分が損するだけなの。**

失敗波動で自分をいっぱいにしちゃうと、次もまた失敗するし、それでまた失敗波動を出せば、永遠に成功のときがこないじゃない？

そんな人生、考えただけで嫌だよ。

私たちはこの地球に、いろんな体験を通じ、魂を磨くためにきました。行動することに間違いなんて1つもないし、どんな経験も、楽しむことで幸せになります。

楽しまなきゃ、成功もなにもない。

本当は、あなたの魂もその真実を知っています。

ところが、失敗すれば親や先生から叱られ、間違いがゆるされない環境で育つうち、自分を責める癖がついてしまった。

でも、それではいつまでたっても同じことの繰り返しです。そろそろ、おかしいことに気付かなきゃいけない。

自分を愛することを思い出し、魅力を磨かなきゃいけないよ。

彼女がいっぱいいるほうが愛が濃くなる!?

恋愛感情のない相手から告白されたときに、傷つけることなく断る、いい方法はないですかって聞かれたことがあるんだけど。

ごめんなさいね。私は告白されて断ったことがないから、わからないんです(笑)。

一人さんはどんな女性も可愛いと思うし、女性にお誘いをいただいたらまずＯＫなの。お断りするのは男だけ（笑）。

いや、男でも「友だちになってください」「師匠だと思っていいですか？」みたいなのは大歓迎だから、そこは勘違いしないでもらいたいんだけど。

じゃあ、付き合っている相手と別れるときはどうするんですかって言うと、私からは別れません。そして、もし女性のほうが別れたいと言ってきたときは、一人さんはいつも「わかったよ。幸せになりな」って送り出します。

ただし、「戻ってきたくなったらいつでも戻っておいで」と言い添えることも忘れない（笑）。

そうすると不思議なんだけど、たいがい戻ってくるんです。「やっぱり一人さんとこが自由で楽しい」って。ここまで自由をゆるす男は、ほかにいないからね。

全員とは言わないけど、世の中の男は度量が狭いんだよ（笑）。彼女が別れたいと言っても泣きすがったり、脅し文句で引き留めたり、自分のことしか考えてない。

そうじゃないの。**男は、女性に「あなたじゃなきゃイヤ」と言わせるぐらいの魅力をつけなきゃダメ**なんです。

人は飽きる生きものだから、同じ相手と長く一緒にいると、だんだんよそに目が向いていく。そのときに目くじらを立てたり、ショックで悩んじゃったりするのはふつうの人だよ。

一人さんの場合はまったく逆で、「俺の魅力がまだまだ足りないんだな」って、むしろ奮起しちゃうの。

彼女が振り向かないのが悪いんじゃない。こっちがうんと魅力をつけたら、いちいち監視なんかしなくたって、勝手によそ見なんかしなくなるんだよね。

去り行く女性を笑顔で見送るのは、そういう心意気があってのことなの。

しかも、彼女がまた一人さんのところに戻りたくなったとき、「自分から別れを切り出しておいて厚かましいだろうか」なんて気にしないように、「いつでも戻ってきな」

とも言う。

ぜんぶ、一人さんなりの愛なんです。

そんなことできるわけがないと思うのは、彼女を1人に絞るからだよね（笑）。一人さんなんて、放っておくと無限に彼女が増えちゃうから、逆の意味で40人に絞ってるぐらいなの（笑）。

で、40人の彼女がいると、1人や2人いなくなろうが、愛を忘れることはない。

みんなは「1人の相手に愛を注ぎたいです」って言うけど、**彼女がいっぱいいるほうが、むしろ愛が濃くなる**って見方もあるよ。目からうろこでしょ？

それに彼女が40人いると、ありがちな「友だちと同じ人を好きになり、相手に告白もできず悩ましい」「友だちに恋人を取られた」みたいなことも、まったく悩みのタネにならないんです。

友だちって、ウマが合うから親しくなるわけでしょ？　似た者同士ならば、同じ人を好きになっても不思議じゃない。

そんな体験もまた、貴重な学びがあります。**どんな恋でも、したほうが人生は面白いよね。**

ただ、恋人が1人しかいない場合は、こういう状況を笑って受け止めるのが難しい。たった1人しかいないものを失えば、つらいのは当然だからね。

その点、彼女がいっぱいいれば心にゆとりがある。鷹揚(おうよう)でいられるの。

面白い話というのは、こういうのを指すんです。みんな、真面目すぎるの。立派に生きようとしすぎなんだよ。

だから悩みばかりで疲れちゃうし、彼女にフラれただけで絶望することにもなるんじゃないかな。

もっと気楽に生きたほうがいい。

そのほうが魅力も出るし、人間関係なんて、手のひらで転がすぐらい簡単になるよ。

子どもが聞くような工夫をするしかない

ある親御さんから、「子どもが親の話をまったく聞かないのですが、どんな言葉で伝えたら聞いてくれますか？」って質問されたことがあるんです。

これね、難しく考えすぎなの。

親は、親の都合で言いたいことを言えばいい。

子どもは、子どもの都合でしゃべる。

親子なんだから、お互いに自分の思いをストレートに口に出せばいいんです。他人ではゆるされなくても、親子なら笑ってゆるせるでしょ？

もちろん、暴言みたいな地獄言葉は、いくら親子間でもダメだよ。親子だからって、相手が傷つくことを言っていいわけじゃない。

そんなのは当たり前だけど、日常会話の「親の言うことを聞きなさい」ぐらいは、いちいち遠慮したり、難しく考えたりする必要はないんです。

それでも子どもが話を聞かないのなら、たぶん、親の話がつまらないんだね（笑）。**面白くない話は、大人だって聞きたくない。ましてや、それを子どもに聞かせようなんて、ハッキリ言って無理がある。**

と思って、もし自分が同じことを言われたらどう思うか、考えてみたらいいですよ。そしてあなた自身が「これはたしかにつまんないな」と思うなら、親のほうが、子どもが聞いてくれるような工夫をするしかない。

ちなみに、もし一人さんが親の立場なら、「子どもが聞きたくなる話し方はなんだろう？」って、ゲームの攻略をするみたく研究するね。そして楽しむ。

私はこういうのが大得意だから、たとえ話の内容がお説教だとしても、子どもが聞きたがる話し方を見つける自信があるよ。

そのうえで、もう1つ。

前にも言ったけど、子どもが嫌がることだけは押し付けちゃいけません。

親御さんのなかには、「勉強しな」「宿題やったの？」って口うるさく言う人もいるだろう。でも、言うだけってラクなの。言いっぱなしでいいんだから簡単だよね。

それに対して、言われる側の子どもは大変だよ。

ことに勉強嫌いの子は、机に向かう時間が地獄なの。大げさでもなんでもない、本当のことです。

それを**何時間も勉強しろって、子どもへのイジメでしかない。暴力と同じで、子どもを追い詰めるだけ**だからね。

時代の流れとともに常識だって変わる

あとね、「うちの子にも、一人さんのように本をたくさん読んでほしい」と言う人もたくさんいるんだけど。当の子どもはまったく本に興味がないとか、本を開いても集中できないとか。

そうすると、また親御さんは頭を悩ませるわけだけど、視野が狭くなってるから悩むの。既存の常識に縛られすぎなんです。

学びを得るって、学校の勉強や読書だけじゃないよ。教科書や本の代わりに、ユーチューブを見て学ぶこともできるの。

そもそも、**子どもに本好きになってもらいたいのなら、読みたくなるような本を勧めないと。取り上げられたら大騒ぎするぐらい、その子が好きな本を渡すんだよ。**

ところが、親の読んでほしい本というのが、なんとも面白くない（笑）。

それでは、子どもが本嫌いになるのも当たり前です。面白くもない本を強制されて、読みたいと思うわけがないよね。

たとえばゲーム好きの子なら、攻略本だったら食いつくんじゃないかな？

攻略本だってその道のプロが心血注いでつくったものだし、いろんな漢字や表現も

ある。読めば、すごい勉強になるんです。

それで、ゲームもとことんさせてやればいい。ゲームから学ぶことだってあるんだから、ゲームを禁じる必要はないの。

この頃の出版不況を見てもわかるように、いまは、「本」という存在そのものが脅かされる時代です。同じ本でも、タブレット端末で読む人が増えたりさ。

生活にコンピューター、スマホの占める割合が増えたのなら、むしろゲームをすることで、コンピューターやスマホに慣れ親しむこともできるじゃない。

時代の流れとともに、常識だって変わる。親の頭も柔軟に、時代に合った考え方ができるようになればいいよね。

嫌々やらされることは、いくら時間や労力を費やしても、それに見合った結果がなかなかついてきません。がんばれば平均的なレベルには達するかもしれないけど、それが得意になることはないんだよ。

頭角をあらわす人というのは、得てして「好きなこと」に熱中しているもの。好きだから、成功するんです。

好きなことは、いくらやっても飽きない、疲れない。好きじゃなきゃ没頭できないし、何年も研究し続けられるわけがないんだ。

対話というのは腕相撲みたいなもの

会話のなかで、やたらに「でも」「だって」を言う人がいます。

言葉そのものにはなんの意味もないように思うかもしれないけれど、こういうのが多い人は、損しちゃう可能性が高いんだよね。

なぜかと言うと、「でも」「だって」の後には、言い訳とか、相手の話を否定するような内容がくっつくことが多いでしょ？　それって印象がよくない。

人によっては、「でも」「だって」を聞いた瞬間に、「否定の言葉がくる」って身構えたり、反射的にモヤっとしたりすることもあるんじゃないかな。

もちろん、親しい仲間との楽しい日常会話で「でもさ〜」とか、そういう軽いノリは別だよ。「でも」「だって」のぜんぶがダメだと言っているわけではありません。

ただ、一人さんがこういう言葉を頻繁に使うかというと、それはないんです。もし使うような場面になっても、一人さんはたいてい「それはそうだね。あと、こんな話もあって……」のように、まず相手の話を肯定する言葉を使うの。

この言い方だと、「でも」「だって」に比べてずいぶん印象がいいと思います。

こういうのも、私はいちいち意識的にやっているわけではありません。ところが、なぜか「でも」「だって」という言葉が出てこない。

それはやっぱり、私の愛がそうさせているんだと思います。愛があると、細かいことをいちいち気にしなくても、適切な言葉選びができるんだ。

いっぽう、あなたの話を聞いた人が「でも」「だって」を連発することもあるだろう。

それはどういうわけかって言うと、ごめんなさいだけど、あなたの話が面白くないから（笑）。

楽しい話をすれば、相手はあなたの話に聞き入るはずなの。聞く体制になったら、「でも」「だって」が出てくるスキがないんだよね。

だから魅力を磨きな。愛を出して、いいムードをつくるしかない。

対話というのは腕相撲みたいなものなんです。

腕相撲は、相手の手をとグッと握ったときに、だいたい勝負はついてるの。試合開始のゴングと同時に、力の加減で相手の力量がわかるんだよね。

会話もそんな感じで、はじめにちょっと言葉を交わせば、「相手のほうが一枚上手だ」「この人はどうもパッとしない」みたいなのがわかっちゃうの。

で、後者の印象を持たれてしまうと、相手の話ばかり聞かされるとか、「でも」「だって」のような否定を意味する表現がやたら返ってきたりするんだよね。

一人さんは、誰かと言い合いになることがまったくありません。否定されたこともない。子どものときから、ずっとそうなんです。

愛があれば、相手は全面的に聞く体制になるものだし、「あなたといると楽しい」「あなたは最高に話し上手だね」と言ってもらえる。

もう、会話でモヤモヤすることはなくなるんだ。

会話に入れなくたって孤立しないよ

複数の人で話しているときに、自分のよく知らない内容でみんなが盛り上がっちゃうこと、多くの人は経験があるんじゃないだろうか。そういう場面になったら、あなたはどうしますか？

よくあるのは、会話に入れず孤立感でいっぱいになったり、仲間外れにされて腹を立てたりするケースだと思います。

一人さんはちょっと変わっているのかもしれないけど、そういうときは孤立どころか、「へぇ、そうなんだ～」って興味津々になるんです。

自分がよく知らない話を聞くのは面白くないと言う人もいますが、知らない話を聞くのって、そのぶん自分の知識が増えるわけでしょ？　一人さん的には最高なの。

自分だけ置いていかれたなんて思わないし、いつもみんなが一人さんの話ばかり聞きたがるから、たまに聞き役になることがあるとむしろうれしいぐらい（笑）。


むろん、嫌なやつの話は聞きたくないですよ。1秒でもごめんです。

だけど私が時間をともにするのは、愛のある人だけ。目の前にいるのは、いつだって好きな相手だからね。

その人の話に興味があるし、どんな話でも楽しく聞けます。

というか、一緒にいる仲間がいい人ばかりなら、まず孤立するはずがない。

愛のある人は、もし誰かがつまらなそうにしていればすぐ気付くし、「あなたはどういうのが好き？」とかって話を振ってくれるものだからね。

それがないってことは、あなたは愛のない人と一緒にいるということになる。嫌な思いをするのも、当たり前だろうね。

愛のない人とは、距離を置かなきゃいけない。それが仕事関係の場合は、なおさらだと思います。

前にね、「取引先の偉い人が、気難しいタイプで困っています。なんとかおだてて契約にこぎつけたいのですが」と言う人がいて。もし一人さんがこういう状況になったなら、どんな工夫をしますかって聞くの。

一人さん流では、工夫もなにもないんです。

私なら、そもそも嫌な相手とは取り引きしません（笑）。なぜ、わざわざ気難しい相手と仕事しなきゃいけないの？

一人さんは、人生を楽しみたいんだよ。仕事も、笑いながら成功し続けたい。

愛のない相手に契約してもらうって、最初はいいかもしれないけれど、いずれ揉めるときがくると思います。**相手のご機嫌を取って強引に契約にこぎつけたものは、機**

嫌が取れなくなった瞬間に、へそを曲げられる可能性が高い。

いつ契約解除されるかわからないし、突然、裏切りに遭うかもしれません。

そんな不安を抱えながら仕事をするなんて、地獄だよな。私にはとうてい考えられないよ。

へんてこりんな相手に媚びて仕事をもらわなくても、私は自分の魅力で勝負します。愛をバンバン出して、「一人さんから買いたい」と言ってくれる人を大切にすれば商売は絶対にうまくいくし、実際、私はそうやって納税額日本一まで昇りつめたんだからね。

いい人に思われようとしなくていいんだ

人は、誰かに話しかけられるとうれしいものだと思います。とくに、1人でポツンとしているときに明るく声をかけてもらうと、やさしさを感じるよね。

だから、**会社でも学校でも、輪のなかに入れず悩んでいる人がいたら、あなただけ**

でも親切にしてあげな。さりげなく「今日は寒いですね」とか、天気の話でもすれば場が和むと思います。

でね、そのときにヘンな期待はいらないの。

たとえばパーティーやなんかで、「これは、恩を売るチャンスだ」とかって、1人でいる人に自分から積極的に声をかけるのはちょっと違います。

人に喜ばれるのは、「話しかけられてうれしい相手」だからなの。ここを勘違いしちゃいけない。

下心満載で話しかけられたって、相手にとってはむしろ迷惑な話だよ。そういう下心は、しっかり波動になって出てくる。恩着せがましいムードはごまかせません。

あくまでも、愛が先なの。

人生は、愛を出せば自動操縦みたく、勝手にうまくいくようになっています。あれこれ画策しなくたって、愛のある人はそのままで垂直に成功します。

それから、外見を整えることも、ちょっとだけ意識すると効果的です。といっても、お金や手間がかかることではありません。

人に不快感を与えない身だしなみ——つまり、清潔感があればいいんだよね。シワの伸びた洋服を着るとか、白いシャツなら黄ばみやシミを落とす。きれいに磨いた靴を履く。靴下に穴が空いたら縫う。ヘアスタイルなんかも、見た人が「汚いなぁ」なんて思わない程度に整えておけばじゅうぶんです。

神様は、「きれい」を好みます。 きれいな心、掃除の行き届いたきれいな部屋、清潔感のあるきれいな見た目……そんな人が好きなの。

もちろんそれは、顔の小さい人がいいとか、目が小さい人はよくないとか、そういう造作的なものではなくて。**きちんと感、清潔感、あとは見る人がワクワクしたり、気分がよくなったりするような気配りがあればいいんです。**

こういう人は人間同士でも好かれますが、神様にも喜ばれ、運気を上げてもらえます。出世だったり、人生のパートナーだったり、いろんなご褒美がもらえるんだよね。

その意味では、清潔感にプラスして、ちょっと明るい色の服を着てみたり、キラキラ光るアクセサリーをファッションに投入したりするのもおススメです。

うちのお弟子さんたちは、女性も男性もみんなファッショナブルで、いつもきれいにしているの。もちろん、自分が楽しむためのオシャレでもありますが、実はそれだけじゃない。

見る人に楽しんでもらえるように。それから、明るいオーラで神様にも気分よくなってもらいたい。そんな、全方向への愛があってのことなの。

だから人にもすごく好かれるし、それぞれに成功して豊かさを手に入れています。

いい人になろうとか、テクニックで人に好かれようとする必要はありません。

そんなことをしなくても、たった1つ、愛があるだけで圧倒的な幸せが当たり前にもらえる。

魅力ナンバーワンになれば、運気なんていくらでも爆上がりしちゃうんだ。

おわりに

お伝えしてきたように、
奇跡やチャンスをつかむ「聞き方」「話し方」があるとしたら、
愛を出しながら聞くこと、
愛を込めて話すことしかありません。

笑顔で、自分も相手も明るくなるようなムードを出す。
これ以上の開運法はないし、
幸せや成功を手に入れるいちばんの近道です。

忘れかけていた愛を思い出すと、
オンリーワンでありながら、

魅力ナンバーワンの人生になる。
心軽やかに、周りの人といい関係を築くことができるよ。

みんなの人生が、もっとよくなるように。
一人さんの人生も、さらによくなるように。
今日も明日も、愛を出していこうね。

世の中も、自分も、だんだんよくなる。
未来は明るい。

最後まで読んでくれて、ありがとう。
一人さんは、素敵なあなたが大好きです。

さいとうひとり

雄大な北の大地で「ひとりさん観音」に出会えます

北海道河東郡上士幌町上士幌

ひとりさん観音

柴村恵美子さん（斎藤一人さんの弟子）が、生まれ故郷である北海道上士幌町の丘に建立した、一人さんそっくりの美しい観音様。夜になると、一人さんが寄付した照明で観音様がオレンジ色にライトアップされ、昼間とはまた違った幻想的な姿になります。

記念碑

ひとりさん観音の建立から23年目に、白光の剣（※）とともに建立された「大丈夫」記念碑。一人さんの愛の波動が込められており、訪れる人の心を軽くしてくれます。

（※）千葉県香取市にある「香取神宮」の御祭神・経津主大神の剣。闇を払い、明るい未来を切り拓く剣とされている。

「ひとりさん観音」にお参りをすると、願い事が叶うと評判です。そのときのあなたに必要な、一人さんのメッセージカードも引けますよ。

そのほかの一人さんスポット

ついてる鳥居：最上三十三観音 第2番 山寺（宝珠山千手院）

山形県山形市大字山寺4753 電話：023-695-2845

一人さんが すばらしい波動を入れてくださった絵が、宮城県の定義如来西方寺（じょうぎにょらいさいほうじ）に飾られています。

宮城県仙台市青葉区大倉字上下１　Kids' Space 龍の間

勢至菩薩（せいしぼさつ）様は みっちゃん先生の イメージ

聡明に物事を判断し、冷静に考える力、智慧と優しさのイメージです。寄り添う龍は、「緑龍」になります。地球に根を張る樹木のように、その地を守り、成長、発展を手助けしてくれる龍のイメージで描かれています。

阿弥陀如来（あみだにょらい）様は 一人さんの イメージ

海のようにすべてを受け入れる深い愛と、すべてを浄化して癒やすというイメージです。また、阿弥陀様は海を渡られて来たということでこのような絵になりました。寄り添う龍は、豊かさを運んでくださる「八大龍王様」です。

観音菩薩（かんのんぼさつ）様は はなゑさんの イメージ

慈悲深く力強くもある優しい愛で人々を救ってくださるイメージです。寄り添う龍は、あふれる愛と生きる力強さ、エネルギーのある「桃龍」になります。愛を与える力、誕生、感謝の心を運んでくれる龍です。

斎藤一人さんとお弟子さんなどのウェブ

斎藤一人さんオフィシャルブログ

https://ameblo.jp/saitou-hitori-official/

一人さんが毎日あなたのために、ツイてる言葉を、
日替わりで載せてくれています。ぜひ、遊びにきてくださいね。

斎藤一人さん X（旧 Twitter）

https://twitter.com/O4Wr8uAizHerEWj

上の URL からアクセスできます。
ぜひフォローしてください。

柴村恵美子さんのブログ……https://ameblo.jp/tuiteru-emiko/

　ホームページ………………https://emikoshibamura.ai/

舛岡はなゑさんの
公式ホームページ……………https://masuokahanae.com/

　YouTube………………………https://www.youtube.com/c/ますおかはなゑ 4900

　インスタグラム……………https://www.instagram.com/masuoka_hanae/

みっちゃん先生のブログ……https://ameblo.jp/genbu-m4900/

　インスタグラム……………https://www.instagram.com/mitsuchiyan_4900/?hl=ja

宮本真由美さんのブログ……https://ameblo.jp/mm4900/

千葉純一さんのブログ………https://ameblo.jp/chiba4900/

遠藤忠夫さんのブログ………https://ameblo.jp/ukon-azuki/

宇野信行さんのブログ………https://ameblo.jp/nobuyuki4499/

尾形幸弘さんのブログ………https://ameblo.jp/mukarayu-ogata/

楽しいお知らせ

無料

ひとりさんファンなら
一生に一度はやってみたい

「八大龍王檄文気愛合戦」（はちだいりゅうおうげきぶんきあいかっせん）

ひとりさんが作った八つの詩で、一気にパワーがあがりますよ。
自分のパワーをあげて、周りの人たちまで元気にする、
とっても楽しいイベントです。

※オンラインでも「檄文道場」を開催中！

斎藤一人銀座まるかんオフィスはなゑ
JR 新小岩駅南口アーケード街。
ひとりさんファンクラブの 3 軒隣り
東京都江戸川区松島 3-15-7　ファミーユ富士久ビル 1 階
TEL：03-5879-4925

ひとりさんの作った八つの詩＜檄文＞

神風隊
龍神隊
騎馬隊
隼隊
抜刀隊
金剛隊
荒武者隊
大魔神

自分や大切な人にいつでもパワーを送れる「檄文援軍」の方法も
各地のまるかんのお店で、無料で教えてくれますよ。

楽しいお知らせ

無料

ひとりさんファンなら
一生に一度は遊びに行きたい

だんだんよくなる 未来は明るい ランド

場所：ひとりさんファンクラブ
JR 新小岩駅 南口アーケード街 徒歩 3 分
年中無休（開店時間 10:00 〜 19:00）
東京都江戸川区松島 3-14-8
TEL：03-3654-4949

斎藤一人（さいとう・ひとり）

実業家・「銀座まるかん」(日本漢方研究所) の創設者。1993 年以来、毎年、全国高額納税者番付（総合）10 位以内にただひとり連続ランクインし、2003 年には累計納税額で日本一になる。土地売却や株式公開などによる高額納税者が多いなか、納税額はすべて事業所得によるものという異色の存在として注目される。著書に『斎藤一人 奇跡の人』(徳間書店)、『この世が最高に楽しくなるあの世のレッスン』（SB クリエイティブ）、『斎藤一人 本質』（KADOKAWA）、『今はひとりでも、絶対だいじょうぶ』(PHP 研究所)、共著に『斎藤一人 成功したのは、みんな龍のおかげです』(PHP 研究所、みっちゃん先生と)、『斎藤一人 男の美学 女の美学』（ぴあ、舛岡はなゑさんと）などがある。

編集協力：古田尚子
装丁：椋本完二郎
本文デザイン・組版：野中賢／安田浩也（システムタンク）

斎藤一人 聞く力、話す力

2024年1月10日　第一刷発行

著　者　斎藤一人

発行者　唐津 隆
発行所　株式会社ビジネス社
〒162-0805　東京都新宿区矢来町114番地 神楽坂高橋ビル5F
電話　03(5227)1602　FAX　03(5227)1603
https://www.business-sha.co.jp

〈印刷・製本〉中央精版印刷株式会社
〈営業担当〉山口健志
〈編集担当〉大森勇輝

ISBN978-4-8284-2583-2